# LÉLIA

PAR

### George Sand.

NOUVELLE ÉDITION.

TOME II.

BRUXELLES.
SOCIÉTÉ BELGE DE LIBRAIRIE.
HAUMAN ET Cᵉ.

1841

# LÉLIA.

IMP. DE HAUMAN ET Cᶜ. — DELTOMBE, GÉRANT.
Rue du Nord, n° 8.

# LÉLIA

PAR

## George Sand.

ÉDITION CONSIDÉRABLEMENT AUGMENTÉE.

—

 TOME II.

BRUXELLES.

SOCIÉTÉ BELGE DE LIBRAIRIE,

HAUMAN ET Cᵉ.

1841

Pourquoi promenez-vous ces spectres de lumière
Devant le rideau noir de nos nuits sans sommeil,
Puisqu'il faut qu'ici-bas tout songe ait son réveil,
Et puisque le désir se sent cloué sur terre,
Comme un aigle blessé qui meurt dans la poussière,
L'aile ouverte et les yeux fixés sur le soleil ?

ALFRED DE MUSSET.

# TROISIÈME PARTIE.

## XXXV

« Je ne vous raconterai pas des faits circonstanciés et précis, dit Lélia. Tout ce qui a composé ma vie serait aussi long à dire que ma vie a duré de jours. Mais je vous dirai l'histoire d'un cœur malheureux, égaré par une vaine richesse de facultés, flétri avant d'avoir vécu, usé par l'espérance, et rendu impuissant par trop de puissance peut-être !

— Et c'est ce qui vous rend déplorablement vulgaire, Lélia, reprit la courtisane impitoyable dans son bon sens grossier. C'est ce qui vous fait ressembler à tous les poëtes que j'ai lus. Car je lis les poëtes ; je les lis pour me réconcilier avec la vie qu'ils peignent de couleurs si fausses, et qui a le tort d'être trop bonne pour eux. Je les lis pour savoir de quelles idées prétentieuses et scandaleusement erronées il faut se préserver pour être sage. Je les lis pour prendre d'eux ce qui est utile, et rejeter ce qui est mauvais, c'est-à-dire pour m'emparer de ce luxe d'expression qui est devenu la langue usuelle du siècle, et pour me préserver d'en habiller les sottises qu'ils professent. Vous auriez dû vous en tenir là. Vous auriez dû, ma Lélia, faire servir la fécondité de votre cerveau à poétiser les choses pour les mieux apprécier. Vous auriez dû appliquer votre supériorité d'organisation à jouir et non à nier; car alors à quoi vous sert la lumière?

— Et vous avez raison, cruelle, dit Lélia avec amertume. Ne sais-je pas tout cela? Eh bien! c'est mon travers, c'est mon mal, c'est ma fatalité que vous signalez, et vous me raillez quand je viens me plaindre à vous! Je m'humilie et m'afflige d'être un type si trivial et si commun de la souffrance de toute une génération maladive et faible, et vous me répondez par le mépris! Est-ce ainsi que vous me consolez?

— Pardonne, *meschina!* dit l'insouciante Pulchérie en souriant, et continue.

Lélia reprit:

« Si Dieu m'a créée dans un jour de colère ou d'apathie, dans un sentiment d'indifférence ou de haine pour les œuvres de ses mains, c'est ce que je ne sais point. Il est des instants où je me hais assez pour m'imaginer être la plus savante et la plus affreuse combinaison d'une volonté infernale. Il en est d'autres où je me méprise au point de me regarder comme une production inerte engendrée par le hasard et la matière. La faute de ma misère, je ne sais à qui l'imputer; et, dans les âcres révoltes de mon esprit, ma plus grande souffrance est toujours de craindre l'absence d'un Dieu que je puisse insulter. Je le cherche alors sur la terre, et dans les cieux, et dans l'enfer, c'est-à-dire dans mon cœur. Je le cherche, parce que je voudrais l'étreindre, le maudire et le terrasser. Ce qui m'indigne et m'irrite contre lui, c'est qu'il m'ait donné tant de vigueur pour le combattre, et qu'il se tienne si loin de moi; c'est qu'il m'ait départi la gigantesque puissance de m'attaquer à lui, et qu'il se tienne là-bas ou là-haut, je ne sais où, assis dans sa gloire et dans sa surdité, au-dessus de tous les efforts de ma pensée.

« J'étais pourtant née en apparence sous d'heureux auspices. Mon front était bien conformé; mon œil s'annonçait noir et impénétrable comme doit être tout œil de femme libre et fière; mon sang circulait bien, et nulle infirme disgrâce ne me frappait d'une injuste et flétrissante malédiction. Mon enfance est riche de souvenirs et d'impressions d'une inexprimable poésie. Il me semble que les anges m'ont bercée dans leurs bras, et que de magiques apparitions m'ont gâté la nature réelle avant qu'à mes yeux se fût révélé le sens de la vue.

« Et comme la beauté se développait en moi, tout me souriait, hommes et choses. Tout devenait amour et poésie autour de moi, et dans mon sein chaque jour faisait éclore la puissance d'aimer et celle d'admirer.

« Cette puissance était si grande, si précieuse et

si bonne, je la sentais émaner de moi comme un parfum si suave et si enivrant, que je la cultivai avec amour. Loin de me méfier d'elle et de ménager sa séve pour jouir plus longtemps de ses fruits, je l'excitai, je la développai, je lui donnai cours par tous les moyens possibles. Imprudente et malheureuse que j'étais !

« Je l'exhalais alors par tous les pores, je la répandais comme une inépuisable source de vie sur toutes choses. Le moindre objet d'estime, le moindre sujet d'amusement, m'inspiraient l'enthousiasme et l'ivresse. Un poëte était un dieu pour moi, la terre était ma mère, et les étoiles mes sœurs. Je bénissais le ciel à genoux pour une fleur éclose sur ma fenêtre, pour un chant d'oiseau envoyé à mon réveil. Mes admirations étaient des extases, mon bien-être le délire.

« Ainsi agrandissant de jour en jour ma puissance, excitant ma sensibilité, et la répandant sans mesure au-dessus et au-dessous de moi, j'allais jetant toute ma pensée, toute ma force dans le vide de cet univers insaisissable qui me renvoyait toutes mes sensations émoussées : la faculté de voir, éblouie par le soleil, celle de désirer, fatiguée par l'aspect de la mer et le vague des horizons, et celle de croire, ébranlée par l'algèbre mystérieuse des étoiles et le mutisme de toutes ces choses après lesquelles s'égarait mon âme ; de sorte que j'arrivai dès l'adolescence à cette plénitude de facultés qui ne peut aller au delà sans briser l'enveloppe mortelle.

« Alors un homme vint, et je l'aimai. Je l'aimai

du même amour dont j'avais aimé Dieu et les cieux, et le soleil et la mer. Seulement je cessai d'aimer ces choses, et je reportai sur lui l'enthousiasme que j'avais eu pour les autres œuvres de la Divinité.

« Vous avez raison de dire que la poésie a perdu l'esprit de l'homme ; elle a désolé le monde réel, si froid, si pauvre, si déplorable au prix des doux rêves qu'elle enfante. Enivrée de ses folles promesses, bercée de ses douces moqueries, je n'ai jamais pu me résigner à la vie positive. La poésie m'avait créé d'autres facultés, immenses, magnifiques, et que rien sur la terre ne devait assouvir. La réalité a trouvé mon âme trop vaste pour y être contenue un instant. Chaque jour devait marquer la ruine de ma destinée devant mon orgueil, la ruine de mon orgueil désolé devant ses propres triomphes. Ce fut une lutte puissante et une victoire misérable ; car, à force de mépriser tout ce qui est, je conçus le mépris de moi-même, sotte et vaine créature, qui ne savais jouir de rien à force de vouloir jouir splendidement de toutes choses.

« Oui, ce fut un grand et rude combat, car en nous enivrant la poésie ne nous dit pas qu'elle nous trompe. Elle se fait belle, simple, austère comme la vérité. Elle prend mille faces diverses, elle se fait homme et ange, elle se fait Dieu ; on s'attache à cette ombre, on la poursuit, on l'embrasse, on se prosterne devant elle, on croit avoir trouvé Dieu et conquis la terre promise ; mais, hélas ! sa fugitive parure tombe en lambeaux sous l'œil de l'analyse, et l'humaine misère n'a plus un haillon pour se couvrir. Oh! alors l'homme pleure et blasphème. Il insulte le ciel, il demande raison de ses mécomptes, il se croit volé, il se couche et veut mourir.

« Et en effet, pourquoi Dieu le trompe-t-il à ce point? Quelle gloire peut trouver le fort à leurrer le faible? Car toute poésie émane du ciel et n'est que le sentiment instinctif d'une Divinité présente à nos destinées; le matérialisme détruit la poésie, il réduit tout aux simples proportions de la réalité. Il ne construit l'univers qu'avec des combinaisons, la foi religieuse le peuple de fantômes. La Divinité derrière ses voiles impénétrables se rit-elle donc même de notre culte et des créations angéliques dont notre cerveau maladif l'environne? Hélas! tout ceci est sombre et décourageant.

— C'est qu'il ne faudrait ni rêver, ni prier, dit Pulchérie; il faudrait se contenter de vivre, accepter naïvement la croyance à un Dieu bon : cela suffirait à l'homme s'il avait moins de vanité. Mais l'homme veut examiner ce Dieu et reviser ses œuvres; il veut le connaître, l'interroger, le rendre propice à ses besoins, responsable de ses souffrances; il veut traiter d'égal à égal avec lui. C'est votre orgueil qui inventa la poésie et qui plaça entre la terre et le ciel tant de rêves décevants. Dieu n'est pas l'auteur de vos misères...

— Orgueil, confiance, reprit Lélia, ce sont deux mots différents pour exprimer la même idée; ce sont deux manières diverses d'envisager le même sentiment. De quelque nom que vous l'appeliez, il est le complément de notre organisation, et comme la clef de voûte de notre architecture intellectuelle. C'est Dieu qui a couronné son œuvre de cette pensée vague, douloureuse, mais infinie et sublime; c'est la condition d'inquiétude et de malaise qu'il nous a imposée en nous élevant au-dessus des autres créatures animées. — Vous surpasserez la force du chameau, l'habileté du castor, nous a-t-il dit; mais vous ne serez jamais satisfaits de vos œuvres, et au-dessus de votre Éden terrestre vous chercherez toujours la flottante promesse d'un séjour meilleur. Allez, vous vous partagerez la terre, mais vous désirerez le ciel; vous serez puissants, mais vous souffrirez.

— Eh bien! s'il en est ainsi, dit Pulchérie, souffrez en silence, priez à genoux, attendez le ciel, mais résignez-vous devant les maux de la vie. Ressentir la souffrance imposée par le Créateur, ce n'est pas là toute la tâche de l'homme : il s'agit de l'accepter. Crier sans cesse et maudire le joug, ce n'est pas le porter. Vous savez bien qu'il ne suffit pas de trouver le calice amer, il faut encore le boire jusqu'à la lie. Vous n'avez qu'une chance de grandeur sur la terre, et vous la méprisez : c'est celle de vous soumettre, et vous ne vous soumettez jamais. A force de frapper impérieusement au séjour des anges, ne craignez-vous pas de vous le rendre inaccessible?

— Vous avez raison, ma sœur, vous parlez comme Trenmor. Amoureuse de la vie, vous êtes au même point de soumission que cet homme détaché de la vie. Vous avez dans le désordre le même calme que lui dans la vertu. Mais moi, qui n'ai ni vertus ni vices, je ne sais comment faire pour supporter l'ennui d'exister. Hélas! il vous est facile de prescrire la patience! Si vous étiez, comme moi, placée entre ceux qui vivent encore et ceux qui ne vivent plus, vous seriez, comme moi, agitée d'une sombre colère, et tourmentée d'un insatiable désir d'être quelque chose, de commencer la vie, ou d'en finir avec elle...

—Mais ne m'avez-vous pas dit que vous aviez aimé? Aimer, c'est vivre à deux.

—Ne sachant à quoi dépenser la puissance de mon âme, je la prosternai au pied d'une idole créée par mon culte; car c'était un homme semblable aux autres, et, quand je fus lasse de me prosterner, je brisai le piédestal et je le vis réduit à sa véritable taille. Mais je l'avais placé si haut, dans mes pompeuses adorations, qu'il m'avait paru grand comme Dieu.

« Ce fut là ma plus déplorable erreur; et voyez quelle destinée misérable est la mienne! Je fus réduite à la regretter, dès que je l'eus perdue. C'est qu'hélas! je n'eus plus rien à mettre à la place. Tout me parut petit près de ce colosse imaginaire. L'amitié me sembla froide, la religion menteuse, et la poésie était morte avec l'amour.

« Avec ma chimère j'avais été aussi heureuse qu'il est permis de l'être aux caractères de ma trempe. Je jouissais du robuste essor de mes facultés, l'enivrement de l'erreur me jetait dans des extases vraiment divines; je me plongeais à outrance dans cette destinée cuisante et terrible qui devait m'engloutir après m'avoir brisée. C'était un état inexprimable de douleur et de joie, de désespoir et d'énergie. Mon âme orageuse se plaisait à ce ballottement funeste qui l'usait sans fruit et sans retour. Le calme lui faisait peur, le repos l'irritait. Il lui fallait des obstacles, des fatigues, des jalousies dévorantes à concentrer, des ingratitudes cruelles à pardonner, de grands travaux à poursuivre, de grandes infortunes à supporter. C'était une carrière, c'était une gloire. Homme, j'eusse aimé les combats, l'odeur du sang, les étreintes du danger ; peut-être l'ambition de régner par l'intelligence, de dominer les autres hommes par des paroles puissantes, m'eût-elle souri aux jours de ma jeunesse. Femme, je n'avais qu'une destinée noble sur la terre, c'était d'aimer. J'aimai *vaillamment*; je subis tous les maux de la passion aveugle et dévouée aux prises avec la vie sociale et l'égoïsme réel du cœur humain; je résistai durant de longues années à tout ce qui devait l'éteindre ou la refroidir. A présent, je supporte sans amertume les reproches des hommes, et j'écoute en souriant l'accusation d'insensibilité dont ils chargent ma tête. Je sais, et Dieu le sait bien aussi, que j'ai accompli ma tâche, que j'ai fourni ma part de fatigues et d'angoisses au grand abîme de colère où tombent sans cesse les larmes des hommes sans pouvoir le combler. Je sais que j'ai fait l'emploi de ma force par le dévouement, que j'ai abjuré ma fierté, effacé mon existence derrière une autre existence. Oui, mon Dieu, vous le savez, vous m'avez brisée sous votre sceptre, et je suis tombée dans la poussière. J'ai dépouillé cet orgueil jadis si altier, aujourd'hui si amer ; je l'ai dépouillé longtemps devant l'être que vous avez offert à mon culte fatal. J'ai bien travaillé, ô mon Dieu ; j'ai bien dévoré mon mal dans le silence. Quand donc me ferez-vous entrer dans le repos ?

— Tu te vantes, Lélia ; tu as travaillé en pure perte, et je ne m'en étonne pas. Tu as voulu faire de l'amour autre chose que ce que Dieu lui a permis d'être ici-bas. Si je comprends bien ton infortune, tu as aimé de toute la puissance de ton être, et tu as été mal aimée. Quelle erreur était la tienne ! Ne savais-tu pas que l'homme est brutal et la femme mobile ? Ces deux êtres si semblables et si dissemblables sont faits de telle sorte, qu'il y a toujours entre eux de la haine, même dans l'amour qu'ils ont l'un pour l'autre. Le premier sentiment qui succède à leurs étreintes, c'est le dégoût et la tristesse. C'est une loi d'en haut, contre laquelle vous vous révolterez en vain. L'union de l'homme et de la femme devait être passagère dans les desseins de la Providence. Tout s'oppose à leur éternelle association, et le changement est une nécessité de leur nature.

— S'il en est ainsi, dit Lélia avec véhémence, malédiction sur l'amour ! ou plutôt malédiction sur la volonté divine et sur la destinée humaine ! Pour moi, j'avais cru, en effet, qu'il en devait être autrement. Le sentiment de l'amour avait été révélé à ma jeunesse sous la forme la plus angélique et la plus durable. Elle émanait de Dieu même, elle devait avoir revêtu quelque chose de son immortalité. Cesser d'aimer! Cette idée ne pouvait pas avoir de sens pour moi! Autant valait dire : Cesser d'exister !

— Et pourtant, tu n'aimes plus, dit Pulchérie.

— Et aussi, je suis morte! répondit Lélia.

— Mais pourquoi avoir laissé éteindre le feu sacré? dit la courtisane : ne pouviez-vous le porter sur d'autres autels? Changer d'amant n'est pas changer d'amour.

— Eh quoi! reprit Lélia, peut-on rallumer ce feu, quand celui qui l'inspirait l'a laissé mourir? Peut-on lui rendre son éclat et sa pureté première? Qu'est-ce que l'amour? N'est-ce pas un culte? Et derrière ce culte, l'objet aimé n'est-il pas le dieu? Et si lui-même prend plaisir à détruire la foi qu'il inspirait, comment l'âme peut-elle se choisir un autre dieu parmi d'autres créatures? Elle a rêvé l'idéal, et, tant qu'elle a cru trouver la perfection dans un être de sa race, elle s'est prosternée devant lui. Mais maintenant elle sait que son idéal n'est pas de ce monde. Quelle espèce de culte, quelle espèce de foi pourra-t-elle offrir à une idole nouvelle? Il faudra donc qu'elle lui apporte un amour incomplet et borné, un sentiment fini, raisonné, susceptible d'analyse et de distinction? Elle avait cru à des vertus sans alliage, à un éclat sans tache. Elle sait maintenant que toute vertu est fragile, que toute grandeur est limitée, car ce qui était pour elle le type du beau et du grand a trompé son attente et trahi ses promesses. Effacera-t-elle, par un simple effort de sa volonté, ce souvenir terrible qui doit lui servir d'éternelle leçon? Où donc trouvera-t-elle cet oubli bienfaisant? Et si elle le trouve, ne sera-ce pas plutôt une confiance stupide, dont elle ne tardera pas à se repentir? Faudra-t-il qu'elle se traîne de déceptions en déceptions jusqu'à ce que sa force s'épuise, et que la noble chimère de l'idéal s'envole devant la réalité des grossières passions? Est-ce pour cette noble fin que Dieu nous avait donné des aspirations si brûlantes et des songes si sublimes?

— Mais quel orgueil est donc le tien, ô Lélia! s'écria Pulchérie étonnée. Es-tu donc le seul être accompli qu'il y ait sur la terre? Ton cœur est-il le foyer d'une flamme si céleste que tu ne puisses jamais rencontrer un cœur aussi ardent que le tien, une pureté aussi irréprochable que la tienne? Sois donc impie, puisque tu te crois un ange envoyé ici-bas pour souffrir parmi les hommes!

— Quand j'aurais un orgueil insensé, je n'en aurais pas encore assez pour me croire un ange. Si j'étais un ange, j'aurais un sentiment si net de ma mission en ce monde, que je m'immolerais pour l'expiation de quelque faute dont j'aurais le souvenir, ou pour accomplir quelque bien sur cette terre infortunée, par le sacrifice de mon orgueil et l'enseignement des éternelles vérités dont j'aurais la certitude. Mais je suis un être faible, borné, souffrant. Une profonde ignorance de mon existence antérieure plane sur moi depuis que je respire dans ce monde maudit. Je ne sais pas si je souffre pour laver la tache du péché originel, contractée dans une autre existence, ou pour conquérir une existence nouvelle plus pure et plus douce. J'ai en moi le sentiment et l'amour de la perfection. Il me semble que j'en aurais la puissance si j'avais la foi. Mais la foi me manque, l'expérience me détrompe, le passé m'est inconnu, le présent me froisse, l'avenir m'épouvante. Mon idéal n'est plus en moi qu'un rêve déchirant, un désir qui me consume. Que puis-je faire d'un sentiment que personne ne partage, ou que personne n'espère voir triompher des tristes réalités de la vie? Je connais un homme vertueux; je crains de l'interroger; j'ai peur qu'il ne me désespère en m'avouant qu'il ne voit dans la vertu que l'exercice d'un besoin inné chez lui, ou qu'il me décourage en me disant de renoncer à tout, même à l'espérance.

— Vous conservez donc de l'espérance? dit Pulchérie en souriant. Avouez-le, Lélia, vous n'êtes pas bien morte.

— J'essaye d'aimer un poëte, dit Lélia. Je vois en lui le sentiment de l'idéal tel que je l'ai conçu quand j'étais jeune comme lui; mais je crains de découvrir en lui ce besoin d'épouser la terre et ses vulgaires intérêts, qui, tôt ou tard, flétrit le cœur de l'homme et lui enlève son rêve de perfection.

— On m'a dit que vous connaissiez Valmarina, reprit la courtisane. On prétend que vous n'êtes pas étrangère aux mystérieuses opérations de cet homme singulier. On le dit jeune encore, beau et d'un grand caractère. Pourquoi ne l'aimez-vous pas? manque-t-il d'intelligence? méprise-t-il l'amour?

— Ni l'un ni l'autre, répondit Lélia, mais il aime trop la vertu pour aimer une femme; son idéal, c'est le devoir. Il craindrait de retirer à l'humanité ce qu'il donnerait de son âme à un individu. Je n'ai jamais songé à l'aimer, parce que de grandes douleurs ont tué à jamais en lui l'espérance de tout bonheur sur la terre. Il fut un temps, peut-être, où nous aurions pu nous unir, nous comprendre et nous aider mutuellement à garder le feu sacré. Mais il n'était pas alors ce qu'il est aujourd'hui, j'avais la foi et il ne l'avait pas. Aujourd'hui les rôles sont changés. C'est lui qui a la foi, et moi, je l'ai perdue.

— Mais, puisque vous avez le culte de la vertu, ne pouvez-vous, à l'exemple de celui dont vous me parliez tout à l'heure, vous y livrer, comme à la satisfaction d'un besoin inné? Renoncez à l'amour, ayez le courage d'exercer la charité.

— Je l'exerce et n'y trouve pas le bonheur.

— J'entends, vous faites le bien par curiosité. Eh bien! je vaux donc mieux que vous; mon plus grand plaisir est de verser à pleines mains sur les pauvres l'or que les riches me prodiguent.

— C'est que vous avez conservé plus de jeunesse et de naïveté dans vos désordres, que moi dans ma solitude. Mon cœur est mort, le vôtre n'a pas vécu. Votre vie est une perpétuelle enfance.

— Eh bien! j'en rends grâce au ciel, dit Pulchérie; vous avez connu la vertu et l'amour, et il ne vous est pas même resté ce qui ne m'a pas quittée, la bonté!

— Sans doute, je suis retombée plus bas, reprit Lélia, pour avoir pris un essor trop orgueilleux. Mais telle que je suis, je voudrais d'une vertu que je pusse comprendre; et, comme mon âme aspirait à la vertu par l'amour, je ne comprends plus l'un sans l'autre. Je ne puis pas aimer l'humanité, car elle est perverse, cupide et lâche. Il faudrait croire à son progrès, et je ne le peux pas. Je voudrais qu'au moins le petit nombre des cœurs purs entretînt la flamme du céleste amour, et qu'affranchi des liens de l'égoïsme et de la vanité, l'hymen des âmes fût le refuge des derniers disciples de l'idéal poétique. Il n'en est point ainsi : ces âmes d'exception, éparses sur la face d'un monde où tout les froisse, les refoule et les force à se replier sur elles-mêmes, se chercheraient et s'appelleraient en vain. Leur union ne serait pas consacrée par les lois humaines, ou bien leur existence ne serait pas protégée par la sympathie des autres existences. C'est ainsi que tout essai de cette vie idéale a misérablement échoué entre des êtres qui eussent pu s'identifier l'un à l'autre, sous l'œil de Dieu, dans un monde meilleur.

— La faute en est donc à la société ? dit Pulchérie, qui commençait à écouter Lélia avec plus d'attention.

— La faute en est à Dieu, qui permet à l'humanité de s'égarer ainsi, répondit Lélia. Quel est donc celui de nos torts que nous puissions imputer à nous seuls ? A moins de croire que nous sommes jetés ici-bas pour nous y retremper par la souffrance, avant de nous asseoir au banquet des félicités éternelles, comment accepter l'intervention d'une Providence dans nos destinées ? Quel œil paternel était donc ouvert sur la race humaine le jour où elle imagina de se scinder elle-même en plaçant un sexe sous la domination de l'autre ? N'est-ce pas un appétit farouche qui a fait de la femme l'esclave et la propriété de l'homme ? Quels instincts d'amour pur, quelles notions de sainte fidélité ont pu résister à ce coup mortel ? Quel lien autre que celui de la force pourra exister désormais entre celui qui a le droit d'exiger et celui qui n'a pas le droit de refuser ? Quels travaux et quelles idées peuvent leur être communs ou du moins également sympathiques ? Quel échange de sentiments, quelle fusion d'intelligences possibles entre le maître et l'esclave ? En faisant l'exercice le plus doux de ses droits, l'homme est encore à l'égard de sa compagne comme un tuteur à l'égard de son pupille. Or la relation de l'homme avec l'enfant est limitée et temporaire dans les desseins de la nature. L'homme ne peut se faire compagnon des jeux de l'enfant, et l'enfant ne peut s'associer aux travaux de l'homme. D'ailleurs, un temps arrive, où les leçons du maître ne suffisent plus à l'élève, car l'élève entre dans l'âge de l'émancipation, et réclame à son tour ses droits d'homme. Il n'y a donc pas de véritable association dans l'amour des sexes, car la femme y joue le rôle de l'enfant, et l'heure de l'émancipation ne sonne jamais pour elle. Quel est donc ce crime contre nature de tenir une moitié du genre humain dans une éternelle enfance ? La tache du premier péché pèse, selon la légende judaïque, sur la tête de la femme, et de là son esclavage. Mais il lui a été promis qu'elle écraserait la tête du serpent. Quand donc cette promesse sera-t-elle accomplie?

— Et cependant nous valons mieux qu'eux, dit Pulchérie avec chaleur.

— Nous valons mieux dans un sens, dit Lélia. Ils ont laissé sommeiller notre intelligence, mais ils n'ont pas aperçu qu'en s'efforçant d'éteindre en nous le flambeau divin, ils concentraient au fond de nos cœurs la flamme immortelle, tandis qu'elle s'éteignait en eux. Ils se sont assuré la possession du côté le moins noble de notre amour, et ils ne s'aperçoivent pas qu'ils ne nous possèdent plus. En affectant de nous croire incapables de garder nos promesses, ils se sont tout au plus assuré des héritiers légitimes. Ils ont des enfants, mais ils n'ont pas de femmes.

— Voilà pourquoi leurs chaines m'ont fait horreur, s'écria Pulchérie; voilà pourquoi je n'ai pas voulu prendre une place dans leur société. N'aurais-je pas pu m'asseoir parmi leurs femmes, respecter les lois et les usages qu'elles feignent de respecter, jouer comme elles la pudeur, la fidélité et toutes leurs vertus hypocrites? N'aurais-je pas pu satisfaire tous mes caprices, assouvir toutes mes passions, en consentant à porter un masque et à me placer sous la protection d'une dupe?

— En êtes-vous plus heureuse, pour avoir agi avec plus de hardiesse? dit Lélia. Si vous l'êtes, dites-le-moi avec cette franchise que j'ai toujours estimée en vous.

Pulchérie, troublée, hésita un instant.

— Non! vous ne l'êtes pas, reprit Lélia. Je le sais mieux que vous-même; ni vos fêtes, ni vos triomphes, ni vos prodigalités ne peuvent vous étourdir. Vous rivalisez en vain de luxe et de volupté avec Cléopâtre, Antoine n'est point à vos pieds, et vous donneriez tous vos plaisirs et toutes vos richesses pour la possession d'un cœur profondément épris de vous; car, telle que vous voilà, Pulchérie, il me semble que vous devez encore être meilleure et plus pure que tous ces hommes qui vous possèdent et qui se vantent, comme l'amant de Laïs, de ne point être possédés par vous. Par la seule raison que vous êtes femme, il me semble que vous devez encore aimer quelquefois, ou que du moins, dans les bras d'un homme qui vous paraît un peu plus noble que les autres, vous regrettez de ne pas aimer. Est-ce que cette perpétuelle comédie d'amour ne vous émeut pas quelquefois, comme ferait l'amour véritable? J'ai vu de grands acteurs verser réellement des larmes sur la scène. Sans doute, la fiction qu'ils représentaient leur rappelait les souffrances d'une passion qu'ils avaient ressentie. Il me semble que plus on s'abandonne au délire de la volupté, sans que le cœur y prenne part, plus on excite une soif d'aimer qui n'est jamais assouvie, et qui, chaque jour, devient plus ardente.

Pulchérie se mit à rire, puis tout à coup elle cacha son visage dans ses mains et fondit en larmes.

— Oh! dit Lélia, toi aussi, tu portes au fond du cœur une plaie profonde, et tu es forcée de la cacher sous le mensonge d'une folle gaieté, comme je cache la mienne sous le voile d'une hautaine indifférence.

— Et pourtant vous n'avez pas été méprisée, vous, dit la courtisane. C'est vous qui avez dédaigné l'amour des hommes, comme indigne du vôtre.

— Quant à celui que j'ai connu, je ne prétends pas qu'il fût indigne du mien ; mais il était si différent, que je ne pus accepter éternellement cet inégal échange. Cet homme était sage, juste, généreux. Il avait une mâle beauté, une rare intelligence, une âme loyale, le calme de la force, la patience et la bonté. Je ne pense pas que j'eusse pu mieux placer mes affections. Je n'espérerais pas aujourd'hui rencontrer son égal.

— Et quels furent donc ses torts? dit Pulchérie.

— Il n'aimait pas! répondit Lélia. Que m'importaient toutes ses grandes qualités? Tous en profitaient excepté moi, ou du moins j'y participais comme les autres, et tandis qu'il avait toute mon âme, je n'avais qu'une partie de la sienne. Il avait pour moi de brûlants éclairs de passion, qui, bientôt après, retombaient dans la nuit profonde. Ses transports étaient plus ardents que les miens, mais ils semblaient consumer en un instant tout ce qu'il avait amassé de puissance durant une série de jours pour aimer. Dans la vie de tous les instants, c'était un ami plein de douceur et d'équité; mais ses pensées erraient loin de moi, et ses actions l'entraînaient sans cesse où je n'étais pas. Ne croyez pas que j'eusse l'injustice de prétendre l'enchaîner à tous mes pas, ou l'indiscrétion de m'attacher aux siens. J'ignorais la jalousie, car j'étais incapable de tromper. Je comprenais ses devoirs et ne voulais pas en entraver l'exercice ; mais j'avais une terrible clairvoyance, et malgré moi je voyais tout ce que ces occupations que les hommes appellent sérieuses ont de vain et de puéril. Il me semblait qu'à sa place je m'y serais livrée avec plus d'ordre, de précision et de gravité. Et pourtant, parmi les hommes, il était un des premiers. Mais je voyais bien qu'il y avait pour lui, dans l'accomplissement du devoir social, des satisfactions d'amour-propre plus vives, ou du moins plus profondes, plus constantes, plus nécessaires que les saintes délices d'un pur amour. Ce n'était pas le seul dévouement à la cause de l'humanité qui absorbait son esprit et faisait palpiter son cœur, c'était l'amour de la gloire. Sa gloire était pure et respectable, il ne l'eût jamais acquise au prix d'une faiblesse ; mais il consentait à y sacrifier mon bonheur, et il s'étonnait que je ne fusse pas enivrée de l'éclat qui l'environnait. Quant à moi, j'aimais les actions généreuses dont elle était le prix ; mais ce prix me paraissait grossier, et l'embrassement de la popularité était à mes yeux la prostitution du cœur. Je ne comprenais pas qu'il pût se plaire aux caresses de la foule plus qu'aux miennes, et que sa récompense ne fût pas dans son propre cœur et surtout dans le mien. Je lui voyais dépenser en vile monnaie tout le trésor de son idéal. Il me semblait qu'il perdait la vie éternelle de son âme, et que, selon la parole profonde du Christ, il recevait dès cette vie sa récompense.

Mon amour était infini, et le sien était renfermé dans des bornes infranchissables. Il avait fait ma part, il ne comprenait pas qu'il pût l'augmenter, et que je ne pusse pas en être satisfaite.

Il est vrai qu'à la moindre déception il revenait vers moi. Souvent il lui arrivait de trouver l'opinion injuste à son égard et la popularité ingrate. Les amis sur lesquels il avait le plus compté, le trahissaient souvent pour de misérables intérêts, ou pour l'appât de la vanité. Alors il venait pleurer dans mon sein, et, par une soudaine réaction, il reportait sur moi son affection tout entière. Mais ce bonheur fugitif ne servait qu'à aggraver ma souffrance. Bientôt cette âme, si indolente ou si légère devant la pensée de l'infini, était inquiète, agitée par les choses terrestres. Ses transports, plus énergiquement exprimés que profondément sentis, amenaient la lassitude, le besoin d'action, l'ennui d'une vie de tendresse et d'extase. Le souvenir des amusements politiques (les plus frivoles de tous, je t'assure, dans le temps où nous vivons) le poursuivait jusque dans mes bras. Mon philosophique détachement de toutes ces choses l'irritait et l'offensait. Il s'en vengeait en me rappelant que j'étais femme, et que je ne pouvais m'élever à la hauteur de ses combinaisons, ni comprendre l'importance de ses travaux. Et de là, une habitude toujours croissante de dépit et de sourde aversion, entrecoupée de repentir et d'effusion, mais toujours prête à renaître à la moindre dissidence. Dans ses retours vers moi, je remarquais avec douleur que sa joie et son amour tenaient du délire. Il semblait, qu'à la veille de s'éteindre, son âme, épouvantée du néant des choses humaines, voulût s'élancer une dernière fois vers le ciel, et connaître des ravissements inconnus pour les épuiser, et redescendre ensuite froide et calme sur la terre. Ces expressions fébriles d'une passion qui avait perdu sa sainteté dans les querelles et les ressentiments me déchiraient comme autant d'adieux que nous nous disions l'un à l'autre ; et alors il se plaignait de ma tristesse qu'il prenait pour de la froideur. Il s'imaginait que le cerveau peut s'exalter dans la joie, quand le cœur est brisé. Mes larmes l'offensaient, et il osait, que Dieu le lui pardonne ! me reprocher de ne pas l'aimer.

Oh ! c'est lui qui brisa lui-même le lien le plus fort que deux âmes aient pu forger ! C'est lui qui, ne me tenant pas compte d'une réserve stoïque et d'un immense empire sur ma douleur, me fit des crimes de ma pâleur, d'un sourire forcé, d'une larme mal contenue au bord de ma paupière. Il me fit un crime d'être moins enfant que lui, qui affectait de me traiter comme un enfant. Et puis, un jour vint, où, furieux de se sentir plus petit que moi, il tourna sa colère contre ma race, et maudit mon sexe entier pour avoir le droit de me maudire. Il me reprocha les défauts que nous contractons dans l'esclavage, l'absence des lumières qu'on nous refuse et des passions qu'on nous défend. Il me reprocha jusqu'à l'immensité de mon amour, comme une ambition insensée, comme un déréglement de l'intelligence, comme un appétit de domination. Et, quand il eut proféré ce blasphème, je sentis enfin que je ne l'aimais plus.

— Eh quoi! s'écria Pulchérie émue, tu ne t'es pas vengée! tu as été lâche! Il fallait sur-le-champ en aimer un autre. Tu aurais été guérie, tu aurais oublié.

— Et j'aurais recommencé la même vie de misère et de désespoir avec un autre! Étrange manière de me venger!

— Tu avais du moins connu dans ta première passion des heures d'enivrement et des jours d'espérance que tu aurais retrouvés dans la seconde; et l'ingrat qui t'avait brisée aurait mortellement souffert en te voyant revivre.

— Quel bien m'eussent donc apporté ses souffrances? et comment eût-il pu être assez crédule pour croire à mon nouveau bonheur? Ne savait-il pas qu'il avait épuisé toute ma vie, et qu'après de si terribles fatigues mon âme allait entrer dans le repos de la mort?

— Non, ton âme n'a pas connu ce repos, Lélia! car tu souffres toujours, tu regrettes et tu désires sans cesse un bonheur que tu ne veux pas chercher; tu voudrais toujours aimer : que dis-je? tu aimes toujours, car ton cœur se dévore. Seulement tu aimes sans objet.

— Hélas! il est trop vrai, reprit Lélia avec abattement; j'ai pourtant tout fait pour éteindre en moi le principe de l'amour; j'ai voulu glacer mon cœur par la solitude, par l'austérité, par la méditation. Mais je n'ai réussi qu'à me fatiguer de plus en plus, sans pouvoir arracher la vie de mon sein. Mon intelligence n'a rien gagné à ce que je me suis efforcée d'ôter à mes sentiments, et je suis tombée dans un abîme de doutes et de contradictions. Écoutes-en la déplorable histoire.

« Je voulus me livrer sans réserve à l'incurie de cet état d'épuisement. Je me retirai dans la solitude. Un vaste monastère abandonné et à demi renversé par les orages des révolutions s'offrit à moi comme une retraite imposante et profonde. Il était situé dans une de mes terres. Je m'emparai d'une cellule dans la partie la moins dévastée des bâtiments; c'était celle qu'avait jadis habitée le prieur. On voyait encore sur le mur la marque des clous qui avaient soutenu son crucifix, et ses genoux habitués à la prière avaient creusé leur empreinte sur le pavé, au-dessous du symbole rédempteur. Je me plus à revêtir cette chambre des austères insignes de la foi catholique : une couche en forme de cercueil, un sablier, un crâne humain, et des images de saints et de martyrs élevant leurs mains ensanglantées vers le Seigneur. A ces objets lugubres qui me rappelaient que j'étais désormais morte aux passions humaines, j'aimais à mêler les attributs plus riants d'une vie de poëte et de naturaliste : des livres, des instruments de musique et des vases remplis de fleurs.

« Le pays était sans beautés apparentes : je l'avais aimé d'abord pour sa tristesse uniforme, pour le silence de ses vastes plaines. J'avais espéré m'y détacher entièrement de toute émotion vive, de toute admiration exaltée. Avide de repos, je croyais pouvoir sans fatigue et sans danger promener mes regards sur ces horizons aplanis, sur ces océans de bruyères dont un rare accident, un chêne racorni, un marécage bleuâtre, un éboulement de sables incolores, venaient à peine interrompre l'indigente immensité.

« J'avais espéré aussi que dans cet isolement absolu, dans ces mœurs farouches et pauvres que je me créais, dans cet éloignement de tous les bruits de la civilisation, je trouverais l'oubli du passé, l'insouciance de l'avenir. Il me restait peu de force pour regretter, moins encore pour désirer. Je voulais me considérer comme morte et m'ensevelir dans ces ruines, afin de m'y glacer entièrement, et de retourner au monde dans un état d'invulnérabilité complète.

« Je résolus de commencer par le stoïcisme du corps, afin d'arriver plus sûrement à celui de l'esprit. J'avais vécu dans le luxe, je voulus me rendre absolument insensible par l'habitude aux rigueurs matérielles d'une vie de cénobite. Je renvoyai tout serviteur inutile, et ne voulus recevoir ma nourriture et les objets absolument nécessaires à mon existence que des mains d'une personne invisible qui se glissait chaque matin par les galeries abandonnées du cloître jusqu'à un guichet pratiqué à l'extérieur de mon habitation, et se retirait sans avoir eu la moindre communication directe avec moi.

« Réduite à la plus frugale consommation, forcée de travailler moi-même à la salubrité de ma demeure et à la conservation de ma vie, entourée d'objets extérieurs d'une grande sévérité, je voulus encore m'imposer une plus rude épreuve. Je m'étais habituée dans la société au mouvement, à l'activité facile et incessante que procure la richesse. J'aimais les exercices rapides, la course fougueuse des chevaux, les voyages, le grand air, la chasse bruyante. J'inventai de me mortifier et d'éteindre l'ardeur de mes pensées en me soumettant à une claustration volontaire. Je relevai en imagination les enceintes écroulées de l'abbaye; j'entourai le préau ouvert à tous les vents d'une barrière invisible et sacrée; je posai des limites à mes pas, et je mesurai l'espace où je voulais m'enfermer pour une année entière. Les jours où je me sentais agitée au point de ne pouvoir plus reconnaître la ligne de démarcation imaginaire tracée autour de ma prison, je l'établissais par des signes visibles. J'arrachais aux murailles décrépites les longs rameaux de lierre et de clématite dont elles était rongées, et je les couchais sur le sol aux endroits que je m'étais interdit de franchir. Alors, rassurée sur la crainte de manquer à mon serment, je me sentais enfermée dans mon enceinte avec autant de rigueur que je l'aurais été dans une bastille.

« Il y eut un temps de résignation et de ponctualité qui me reposa des souffrances passées. Il se fit en moi un grand calme, et mon esprit s'endormait paisible sous l'empire d'une résolution bien arrêtée. Mais il arriva que mes facultés, renouvelées par le repos, se réveillèrent peu à peu et demandèrent impétueusement à s'exercer. En voulant l'abattre, j'avais relevé ma puissance ; en couvrant de cendres une mourante étincelle, je lui avais conservé ses principes de vie, j'avais couvé un feu assez intense pour produire un vaste incendie. En me sentant renaître, je ne m'effrayai pas assez, je ne me réprimai point par le souvenir des arrêts que j'avais prononcés sur ma tombe. Il eût fallu consacrer cet âpre travail à détruire l'importance de toutes choses à mes yeux, à rendre nul tout effet extérieur sur mes sens. Au lieu de cela, la solitude et la rêverie me créèrent des sens nouveaux et des facultés que je ne me connaissais pas. Je ne cherchai pas à les étouffer dans leur principe, parce que je crus qu'elles donneraient le change à celles qui m'avaient égarée. Je les acceptai comme un bienfait du ciel, quand j'aurais dû les repousser comme une nouvelle suggestion de l'enfer.

« La poésie revint habiter mon cerveau ; mais, trompeuse, elle prit d'autres couleurs, s'insinua sous d'autres formes et s'avisa d'embellir des choses que j'avais crues jusque-là sans éclat ou sans valeur. Je n'avais pas pensé qu'une indifférence inactive pour certaines faces de la vie devait m'inspirer de l'empressement et de l'intérêt pour des choses naguère inaperçues. C'est pourtant ce qui m'arriva : la régularité, que j'avais embrassée comme on revêt un cilice, me devint bonne et douce comme un lit moelleux. Je pris un orgueilleux plaisir à contempler cette obéissance passive d'une partie de moi-même et cette puissance prolongée de l'autre, cette sainte abnégation de la matière, et ce règne magnifique de la volonté calme et persistante.

« J'avais méprisé jadis la règle dans les études. En me l'imposant dans ma retraite, je m'étais flattée que mes pensées perdraient de leur vigueur. Elles doublèrent de force en s'organisant mieux dans mon cerveau. En s'isolant les unes des autres, elles prirent des formes plus complètes; après avoir erré longtemps dans un monde de vagues perceptions, elles se développèrent en remontant à la source de chaque chose, et prirent une singulière énergie dans l'habitude et le besoin des recherches. Ce fut là mon plus grand malheur; j'arrivai au scepticisme par la poésie, au doute par l'enthousiasme. Ainsi l'étude systématique de la nature me conduisit également à louer Dieu et à le blasphémer. Auparavant je ne cherchais dans ses œuvres que le sentiment de l'admiration; ma complaisante poésie repoussait les hideux excès de la création, ou s'efforçait à les revêtir d'une grandeur sombre et sauvage. Quand je commençai à examiner plus attentivement la nature, à la retourner sous ses faces diverses avec un regard froid et une impartiale pensée d'analyse, je trouvai plus ingénieux, plus savant, plus immense, le génie qui avait présidé à la création. Je m'agenouillai pénétrée d'une foi plus vive, et, bénissant l'auteur de cet univers nouveau pour moi, je le priai de se révéler encore. Je continuai d'apprendre et d'analyser; mais la science est un abîme qu'on devrait creuser avec prudence.

« Lorsqu'après avoir examiné avec enivrement la

magnificence des couleurs et des formes qui concourent à la formation de l'univers, j'eus constaté ce que chaque classe d'êtres a d'incomplet, d'impuissant et de misérable; quand j'eus reconnu que la beauté était compensée chez les uns par la faiblesse, que chez les autres la stupidité détruisait les avantages de la force, que nul n'était organisé pour la sécurité ou pour la jouissance complète, que tous avaient une mission de malheur à accomplir sur la terre, et qu'une nécessité fatale présidait à cet effroyable concours de souffrances, l'effroi me saisit; j'éprouvai un instant le besoin de nier Dieu, afin de n'être pas forcée de le haïr.

« Puis, je me rattachai à lui par l'examen de ma propre force; je retrouvai un principe divin dans cette richesse d'énergie physique qui, chez les animaux, supporte les inclémences de la nature; dans cette puissance d'orgueil ou de dévouement qui, chez l'homme, brave ou accepte les impitoyables arrêts de la Divinité.

« Partagée entre la foi et l'athéisme, je perdis le repos, je passai plusieurs fois dans un jour d'une disposition tendre à une disposition haineuse. Quand on est parvenu à se placer sur les limites de la négation et de l'affirmation, quand on se croit arrivé à la sagesse, on est bien près d'être fou; car on n'a plus pour moyen d'avancement que la perfection qui est impossible ou la raison instinctive qui, n'étant pas soumise à la réflexion, peut nous porter au délire.

« Je tombai donc dans de violentes agitations, et,

comme toute souffrance humaine aime à se contempler et à se plaindre, la dangereuse poésie revint se placer entre moi et les objets de mon examen. L'effet du sens poétique étant principalement l'exagération, tous les maux s'agrandirent autour de moi et tous les biens se révélèrent par des émotions si vives, qu'elles ressemblaient à la douleur ; la douleur elle-même, m'apparaissant sous un aspect plus vaste et plus terrible, creusa en moi de profonds abimes où s'engloutirent mes vains rêves de sagesse, mes vaines espérances de repos.

« Parfois j'allais regarder le coucher du soleil du haut d'une terrasse à demi écroulée, dont une partie s'élevait encore entourée et comme portée par ces sculptures monstrueuses dont le catholicisme revêtait jadis les lieux consacrés au culte. Au-dessous de moi, ces bizarres allégories allongeaient leurs têtes noircies par le temps, et semblaient comme moi se pencher vers la plaine pour regarder silencieusement couler les flots, les siècles et les générations. Ces guivres couvertes d'écailles, ces lézards au tronc hideux, ces chimères pleines d'angoisses, tous ces emblèmes du péché, de l'illusion et de la souffrance, vivaient avec moi d'une vie fatale, inerte, indestructible. Lorsqu'un des rayons rouges du couchant venait se jouer sur leurs formes revêches et capricieuses, je croyais voir leurs flancs se gonfler, leurs nageoires épineuses se dilater, leurs faces horribles se contracter dans de nouvelles tortures. Et en contemplant leurs corps engagés dans ces immenses masses de pierre que ni la main des hommes, ni celle du temps n'avaient pu ébranler, je m'identifiais avec ces images d'une lutte éternelle entre la douleur et la nécessité, entre la rage et l'impuissance.

« Bien loin, au-dessous des masses grises et anguleuses du monastère, la plaine unie et morne déployait ses perspectives infinies. Le soleil, en s'abaissant, y projetait l'embrasement de ses vastes lueurs. Quand il avait disparu lentement derrière les insaisissables limites de l'horizon, des brumes bleuâtres, légèrement pourprées, montaient dans le ciel, et la plaine noire ressemblait à un immense linceul étendu sous mes pieds; le vent courbait les molles bruyères et les faisait onduler comme un lac. Souvent il n'y avait d'autre bruit, dans cette profondeur sans bornes, que celui d'un ruisseau frémissant parmi les grès, le croassement des oiseaux de proie et la voix des brises enfermées et plaintives sous les cintres du cloître. Rarement une vache égarée venait inquiète et mugissante errer autour de ces ruines, et promener un sauvage regard sur les terres incultes et sans asile où elle s'était imprudemment risquée. Une fois, un jeune enfant vint guidé par le son de la clochette, chercher une de ses chèvres jusque dans l'intérieur du préau. Je me cachai pour qu'il ne me vit point. La nuit descendait de plus en plus sombre sous les galeries humides et sonores; le jeune pâtre s'arrêta d'abord comme frappé de terreur au bruit de ses pas qui retentissaient sous les voûtes; puis, revenu de sa première surprise, il pénétra en chantant jusqu'au lieu où sa chèvre savourait les végétations salpêtrées qui croissent dans les décombres. Le mouvement d'une autre personne que moi, dans ce sanctuaire, me fut odieux; le bruit du sable qui criait sous ses pieds, l'écho qui répondait à sa voix me semblaient autant d'insultes et de profanations pour ce temple dont j'avais relevé mystérieusement le culte, où seule, aux pieds de Dieu, j'avais rétabli le commerce de l'âme avec le ciel.

« Au printemps, quand les genêts sauvages se couvrirent de fleurs, quand les mauves exhalèrent leur douce odeur autour des étangs, et que les hirondelles remplirent de mouvement et de bruit les espaces de l'air et les hauteurs les plus inaccessibles des tours, la campagne prit des aspects d'une majesté infinie et des parfums d'une volupté enivrante. La voix lointaine des troupeaux et des chiens vint plus souvent réveiller les échos des ruines, et l'alouette eut au matin des chants suaves et tendres comme des cantiques. Les murs du monastère se revêtirent eux-mêmes d'une fraîche parure. La vipérine et la pariétaire poussèrent des touffes d'un vert somptueux dans les crevasses humides, les violiers jaunes embaumèrent les nefs, et dans le jardin abandonné quelques arbres fruitiers centenaires, qui avaient survécu à la dévastation, parèrent de bourgeons blancs et roses leurs branches anguleuses rongées par la mousse. Il n'y eut pas jusqu'au fût des piliers massifs qui ne se couvrît de ces tapis aux nuances riches et variées dont les plantes microscopiques, engendrées par l'humidité, colorent les ruines et les constructions souterraines.

« J'avais étudié le mystère de toutes ces reproductions animales et végétales, et je pensais avoir glacé mon imagination par l'analyse. Mais en reparaissant plus belle et plus jeune, la nature me fit sentir sa puissance. Elle se moqua de mes orgueilleux travaux, et subjugua ces facultés rétives qui se vantaient d'appartenir exclusivement à la science. C'est une erreur de croire que la science étouffe l'admiration, et que l'œil du poëte s'éteint à mesure que l'œil du naturaliste embrasse un plus vaste horizon. L'examen, qui détruit tant de croyances, fait jaillir aussi des croyances nouvelles avec la lumière. L'étude m'avait révélé des trésors en même temps qu'elle m'avait enlevé des illusions. Mon cœur, loin d'être appauvri, était donc renouvelé. Les splendeurs et les parfums du printemps, les influences excitantes d'un soleil tiède et d'un air pur, l'inexplicable sympathie qui s'empare de l'homme au temps où la terre en travail semble exhaler la vie et l'amour par tous les pores, me jetèrent dans des angoisses nouvelles. Je ressentis tous les aiguillons de l'inquiétude; il me sembla que je reprenais à la vie, que je pourrais encore aimer. Une seconde jeunesse, plus enthousiaste que la première, faisait palpiter mon sein avec une violence inconnue. J'étais à la fois effrayée et joyeuse de ce qui se passait en moi, et je m'abandonnais à ce trouble extatique sans savoir quel en serait le réveil.

« Bientôt la frayeur revenait avec la réflexion. Je me rappelais les infortunes déplorables de mon expérience. Les désastres du passé me rendaient incapable de prendre confiance en l'avenir. J'avais tout à craindre : les hommes, les choses, et moi surtout. Les hommes ne me comprendraient pas, et les choses me blesseraient sans cesse, parce que jamais je ne pourrais m'élever ou m'abaisser au niveau des hommes et des choses ; et puis l'ennui du présent me saisissait, m'étreignait de tout son poids. Ma retraite, si austère, si poétique et si belle, me semblait effrayante en de certains jours. Le vœu qui m'y retenait volontairement se présentait à moi comme une horrible nécessité. Je souffrais, dans ce monastère sans enceinte et sans portes, les mêmes tortures qu'un religieux captif derrière les fossés et les grilles.

« Dans ces alternatives de désir et de crainte, dans cette lutte violente de ma volonté contre elle-même, je consumais ma force à mesure qu'elle se renouvelait, je subissais les fatigues et les découragements de l'expérience sans rien essayer. Quand le besoin d'agir et de vivre devenait trop intense, je le laissais me dévorer jusqu'à ce qu'il s'épuisât de lui-même. Des nuits entières s'écoulaient dans le travail de la résignation. Couchée sur la pierre des tombeaux, je m'abandonnais à des larmes sans cause et sans objet apparent, mais qui prenaient leur source dans le profond ennui d'un cœur sans aliment.

« Souvent une pluie d'orage venait me surprendre dans l'enceinte découverte de la chapelle. Je me faisais un devoir de la supporter, et j'espérais en retirer du soulagement. Parfois, quand le jour paraissait, il me trouvait brisée de fatigue, plus pâle que l'aube, les vêtements souillés, et n'ayant pas la force de relever mes cheveux épars où l'eau ruisselait

« Souvent encore j'essayais de me soulager en poussant des cris de douleur et de colère. Les oiseaux de nuit s'envolaient effrayés ou me répondaient par des gémissements sauvages. Le bruit répété de voûte en voûte ébranlait ces ruines chancelantes, et des graviers, croulant du haut des combles, semblaient annoncer la chute de l'édifice sur ma tête. Oh! j'aurais voulu alors qu'il en fût ainsi! Je redoublais mes cris, et ces murs, qui me renvoyaient le son de ma voix plus terrible et plus déchirant, semblaient habités par des légions de damnés, empressés de me répondre et de s'unir à moi pour le blasphème.

« Il y avait à la suite de ces nuits terribles des jours d'une morne stupeur. Quand j'avais réussi à fixer le sommeil pour quelques heures, un engourdissement profond suivait mon réveil, et me rendait incapable pour tout un jour de volonté ou d'intérêt quelconque. A ces moments-là ma vie ressemblait à celle des religieux abrutis par l'habitude et la soumission. Je marchais lentement et durant un temps limité. Je chantais des psaumes dont l'harmonie endormait ma souffrance, sans qu'aucun sens arrivât de mes lèvres à mon âme. Je me plaisais à cultiver des fleurs sur les escarpements de ces âpres constructions où elles trouvaient du sable et du ciment pulvérisé pour enfoncer leurs racines. J'allais contempler les travaux de l'hirondelle, et défendre son nid des envahissements du moineau et de la mésange. Alors tout retentissement des passions humaines s'effaçait dans ma mémoire. Je suivais machinalement et par coutume la ligne de captivité volontaire tracée par moi sur le sable, et ne songeais pas plus à la franchir que si l'univers n'eût pas existé de l'autre côté.

« J'avais aussi des jours de calme et de raison bien sentie. La religion du Christ, que j'ai conformée à mon intelligence et à mes besoins, répandait une suavité douce, un attendrissement vrai sur les blessures de mon âme. A la vérité, je ne me suis jamais beaucoup inquiétée de constater à mes propres yeux si le degré de divinité départi à l'âme humaine autorisait ou non les hommes à s'appeler prophètes, demi-dieux, rédempteurs. Bacchus, Moïse, Confutzée, Mahomet, Luther, ont accompli de grandes missions sur la terre, et imprimé de violentes secousses à la marche de l'esprit humain dans le cours des siècles. Étaient-ils semblables à nous, ces hommes par qui nous pensons, par qui nous vivons aujourd'hui? Ces colosses, dont la puissance morale a organisé les sociétés, n'étaient-ils pas d'une nature plus excellente, plus pure, plus céleste que la nôtre? Si l'on ne nie point Dieu et l'essence divine de l'homme intellectuel, a-t-on le droit de nier ses plus belles œuvres et de les méconnaître? Celui qui, né parmi les hommes, vécut sans faiblesse et sans péché; celui qui dicta l'Évangile et transforma la morale humaine pour une longue suite de siècles, ne peut-on pas dire que celui-là est vraiment le fils de Dieu?

« Dieu nous envoie alternativement des hommes

puissants pour le mal et des hommes puissants pour le bien. La suprême volonté qui régit l'univers, quand il lui plaît de faire faire à l'esprit humain un pas immense en avant ou en arrière sur une partie du globe, peut, sans attendre la marche austère des siècles et le travail tardif des causes naturelles, opérer ces brusques transitions par le bras ou la parole d'un homme créé tout exprès.

« Ainsi, que Jésus vienne mettre son pied nu et poudreux sur le diadème d'or des pharisiens; qu'il brise la loi ancienne, et annonce aux siècles futurs cette grande loi du spiritualisme nécessaire pour régénérer une race énervée; qu'il se dresse comme un géant dans l'histoire des hommes et la sépare en deux, le règne des sens et le règne des idées; qu'il anéantisse de son inflexible main toute la puissance animale de l'homme, et qu'il ouvre à son esprit une nouvelle carrière, immense, incompréhensible, éternelle peut-être; si vous croyez en Dieu, ne vous mettrez-vous pas à genoux, et ne direz-vous pas : Celui-là est le Verbe, qui était avec Dieu au commencement des siècles? Il est sorti de Dieu, il retourne à lui; il est à jamais avec lui, assis à sa droite, parce qu'il a racheté les hommes. Dieu qui du ciel a envoyé Jésus, Jésus qui était Dieu sur la terre, et l'esprit de Dieu qui était en Jésus et qui remplissait l'espace entre Jésus et Dieu, n'est-ce pas là une trinité, simple, indivisible, nécessaire à l'existence du Christ et à son règne? Tout homme qui croit et qui prie, tout homme que la foi met en communion avec Dieu, n'offre-t-il pas en lui un reflet de cette trinité mystérieuse, plus ou moins affaibli, selon la puissance des rélévations de l'esprit céleste à l'esprit humain? L'âme, l'élan de l'âme vers un but incréé, et le but mystérieux de cet élan sublime, tout cela n'est-il pas Dieu révélé en trois enseignements distincts : la force, la lutte et la conquête?

« Ce triple symbole de la Divinité, ébauché dans l'humanité entière, a pu se produire une fois, splendide et complet, entre Jésus, le Père du monde et l'Esprit-Saint figuré par la foi catholique sous la forme d'une colombe, pour signifier que l'amour est l'âme de l'univers.

— Ces mystiques allégories me font sourire, répondit Pulchérie. Voilà comme vous êtes, âmes d'élite, pures essences! Il vous faut voir et commenter le grand livre de la révélation; il faut que vous soumettiez la parole sacrée aux interprétations de votre orgueilleuse philosophie. Et quand, à force de subtilités, vous êtes parvenus à donner un sens de votre choix aux mystères divins, vous consentez alors à vous incliner devant la foi nouvelle expliquée par vous et refaite à votre usage. C'est devant votre propre ouvrage que vous daignez vous prosterner : convenez-en, Lélia.

— Je n'essayerai pas de le nier, ma sœur. Mais qu'importe, si c'est pour nous la seule manière de croire et d'espérer? Heureux ceux qui peuvent se soumettre à la lettre sans le secours de l'esprit! Heureuses les rêveries sensibles et folles qui ramènent l'esprit rebelle à la soumission devant la lettre! Quant à moi, je trouvais dans les rites et dans les emblèmes de ce culte une sublime poésie et une source éternelle d'attendrissement. La forme et la disposition des temples catholiques, la décoration un peu théâtrale des autels, la magnificence des prêtres, les chants, les parfums, les intervalles de recueillement et de silence, ces antiques splendeurs qui sont un reflet des mœurs païennes au milieu desquelles l'Église prit naissance, m'ont frappée de respect toutes les fois qu'elles m'ont surprise dans une disposition impartiale.

« L'abbaye était nue et dévastée. Mais, en errant un jour parmi les décombres, j'avais découvert l'entrée d'un caveau qui, grâce aux éboulements dont elle était masquée, avait échappé aux outrages d'un temps de délire et de destruction. En m'ouvrant un passage parmi les gravois et les ronces dont elle était obstruée, j'avais pu pénétrer jusqu'au bas d'un escalier étroit et sombre qui conduisait à une petite chapelle souterraine d'un travail exquis et d'une intacte conservation.

« La voûte en était si solide, qu'elle résistait au poids d'un amas énorme de débris. L'humidité avait respecté les peintures, et sur un prie-Dieu de chêne sculpté on distinguait dans l'ombre je ne sais quel sombre vêtement de prêtre qui semblait avoir été oublié la vieille. Je m'en approchai, et me penchai vers lui pour le regarder. Alors je distinguai, sous les plis du lin et de l'étamine, la forme et l'attitude d'un homme agenouillé; sa tête, inclinée sur ses mains jointes, était cachée par un capuchon noir; il semblait plongé dans un recueillement si profond, si imposant, que je reculai frappée de superstition et de terreur. Je n'osais plus faire un mouvement, car l'air extérieur auxquel j'avais ouvert un passage, agitait le vêtement poudreux, et l'homme semblait se mouvoir : on aurait dit qu'il allait se lever.

« Était-il possible qu'un homme eût survécu au massacre de ses frères, qu'il eût pu exister trente ans, confiné par la douleur et l'austérité, dans ces souterrains dont j'ignorais la profondeur et les issues ? Un instant je le crus, et, craignant d'interrompre sa méditation, je restai immobile, enchaînée par le respect, cherchant ce que j'allais lui dire, prête à me retirer sans oser lui parler. Mais à mesure que mes yeux s'accoutumèrent à l'obscurité, je distinguai les plis flasques de l'étoffe tombant à plat sur des membres grêles et anguleux. Je compris le mystère dont j'étais témoin, et je portai une main respectueuse sur cette relique de saint. A peine eus-je effleuré le capuchon, qu'il tomba en poussière, et ma main rencontra le crâne froid et desséché d'un squelette humain. Ce fut une chose effrayante et sublime à voir pour la première fois, que cette tête de moine où le vent agitait encore quelques touffes de cheveux gris, et dont la barbe s'enlaçait aux phalanges décharnées des mains croisées sous le menton. Certains caveaux, imprégnés d'une grande quantité de salpêtre, ont la propriété de dessécher les corps et de les conserver entiers durant des siècles. On a découvert beaucoup de cadavres préservés de la corruption par ces influences naturelles. La peau jaune et transparente comme un parchemin se colle et s'attache sur les muscles retirés et durcis; les membranes des lèvres se plissent autour des dents solides et brillantes; les cils demeurent implantés autour des yeux sans émail et sans couleur; les traits du visage conservent une sorte de physionomie austère et calme; le front lisse et tendu possède une certaine majesté lugubre, et les membres gardent les inflexibles attitudes où la mort les surprit. Ces tristes débris de l'homme retiennent un caractère de grandeur qu'on ne saurait nier, et il ne semble pas, en les regardant avec attention, que le réveil soit impossible.

« La dépouille que j'avais sous les yeux avait quelque chose de plus sublime encore à cause de sa situation. Ce religieux, mort sans convulsion et sans agonie dans le calme de la prière, me semblait revêtu d'une auréole de gloire. Que s'était-il donc passé autour de lui durant ses derniers instants? Condamné à une inflexible pénitence pour quelque noble faute, s'était-il endormi dans le Seigneur, confiant et résigné, au fond de l'*in pace*, tandis que ses frères impitoyables chantaient l'hymne des morts sur sa tête? Cette supposition s'évanouit quand je me fus assurée qu'aucune partie du souterrain n'était murée, et qu'il n'y avait dans ce lieu consacré au culte aucune apparence de cachot. C'était donc l'orage révolutionnaire qui avait surpris ce martyr dans sa retraite. Il était descendu là peut-être, en entendant les cris féroces du peuple, pour échapper à ses profanations, ou pour recevoir le dernier coup sur les marches de l'autel. Mais la trace d'aucune blessure n'attestait qu'il en eût été ainsi. Je m'arrêtai à croire que l'écroulement des parties supérieures de l'édifice sous la main furieuse des vainqueurs lui avait subitement coupé la retraite, et qu'il lui avait fallu se résigner à subir le supplice des vestales. Il était mort sans tortures, avec joie peut-être, au milieu de ces affreux jours où la mort était un bienfait même aux incrédules. Il avait rendu son âme à Dieu, prosterné devant le Christ et priant pour ses bourreaux.

« Cette relique, ce caveau, ce crucifix, me devinrent sacrés. Ce fut sous cette voûte sombre et froide que j'allai souvent éteindre l'ardeur de mes pensées. J'enveloppai d'un nouveau vêtement la dépouille sacrée du prêtre. Je m'agenouillai chaque jour auprès d'elle. Souvent je lui parlai à haute voix dans les agitations de ma souffrance, comme à un compagnon d'exil et de douleur. Je me pris d'une sainte et folle affection pour ce cadavre. Je me confessai à lui; je lui racontai les angoisses de mon âme; je lui demandai de se placer entre le ciel et moi pour nous réconcilier; et souvent, dans mes rêves, je le vis passer devant mon grabat comme l'esprit des visions de Job, et je l'entendis murmurer d'une voix faible comme la brise des paroles de terreur ou d'espoir.

« J'aimais aussi dans cette chapelle souterraine un grand christ de marbre blanc qui, placé au fond d'une niche, avait dû être autrefois inondé de lumière par une ouverture supérieure. Désormais ce soupirail était obstrué, mais quelques faibles rayons se glissaient encore dans les interstices des pierres en désordre accumulées à l'extérieur. Ce jour terne et rampant versait une singulière tristesse sur le beau front pâle du Christ. Je me plaisais dans la contemplation de ce poétique et douloureux symbole. Quoi de plus touchant sur la terre que l'image d'une torture physique couronnée par l'expression d'une joie céleste! Quelle plus grande pensée, quel plus profond emblème que ce Dieu martyr, baigné de sang et de larmes, étendant ses bras vers le ciel! O image de la souffrance, élevée sur une croix et montant comme une prière, comme un encens, de la terre aux cieux! Offrande expiatoire de la douleur qui se dresse toute sanglante et toute nue vers le trône du Seigneur! Espoir radieux, croix symbolique, où s'étendent et reposent les membres brisés par le supplice! Bandeau d'épines qui ceignez le crâne, sanctuaire de l'intelligence, diadème fatal imposé à la puissance de l'homme! je vous ai souvent invoqués, je me suis souvent prosternée devant vous! Mon âme s'est offerte souvent sur cette croix, elle a saigné sous ces épines; elle a souvent adoré, sous le nom de *Christ*, la souffrance humaine relevée par l'espoir divin; la résignation, c'est-à-dire l'acceptation de la vie humaine; la rédemption, c'est-à-dire le calme dans l'agonie et l'espérance dans la mort.

« Le second hiver fut moins paisible que le premier. La patiente résignation avec laquelle j'avais d'abord travaillé à rendre mon existence possible au milieu de l'isolement et des privations m'abandonna l'année suivante. L'idolence et les rêveries de l'été avaient changé la situation de mon esprit. Je me sentais plus forte, mais aussi plus irritable, plus accessible à la souffrance, moins calme à la subir, et pourtant plus paresseuse à l'éviter. Toutes les rigueurs que je m'étais imposées avec joie me devenaient amères. Je n'y trouvais plus cette volupté orgueilleuse qui m'avait soutenue d'abord.

« La brièveté des jours m'interdisait le triste plaisir des rêveries sur la terrasse, et du fond de ma cellule où s'écoulaient les longues heures du soir, j'entendais pleurer la bise lugubre. Souvent, lasse des efforts que je faisais pour m'isoler des objets extérieurs, incapable d'attention dans l'étude ou de règle dans la réflexion, je me laissais dominer par la tristesse de mes impressions extérieures. Assise dans l'embrasure de ma fenêtre, je voyais la lune s'élever lentement au-dessus des toits couverts de neige, et reluire sur les aiguilles de glace qui pendaient aux sculptures dentelées des cloîtres. Ces nuits froides et brillantes avaient un caractère de désolation dont rien ne saurait donner l'idée. Quand le vent se taisait, un silence de mort planait sur l'abbaye. La neige se détachait sans bruit des rameaux des vieux ifs, et tombait en flocons silencieux sur les branches inférieures. On eût pu secouer toutes les ronces desséchées qui garnissaient les cours, sans y éveiller un seul être animé, sans entendre siffler une couleuvre ou ramper un insecte.

« Dans ce morne isolement, mon caractère se dénatura, la résignation dégénéra en apathie, l'activité des pensées devint le déréglement. Les idées les plus abstraites, les plus confuses, les plus effrayantes assiégèrent tour à tour mon cerveau. En vain, j'essayais de me replier sur moi-même et de vivre dans le présent. Je ne sais quel vague fantôme d'avenir flottait dans tous mes rêves et tourmentait ma raison. Je me disais que l'avenir devait avoir pour moi une forme connue, que je ne devais l'accepter qu'après l'avoir fait moi-même, qu'il fallait le calquer sur le présent que je m'étais créé. Mais bientôt je m'apercevais que le présent n'existait pas pour moi, que mon âme faisait de vains efforts pour se renfermer dans cette prison, mais qu'elle errait toujours au delà, qu'il lui fallait l'univers, et qu'elle l'épuiserait le même jour où l'univers lui serait donné. Je sentais enfin que l'occupation de ma vie était de me tourner sans cesse vers les joies perdues ou vers les joies encore possibles. Celles que j'avais cherchées dans la solitude me fuyaient. Au fond du vase, là comme partout, j'avais trouvé la lie amère.

« Ce fut vers la fin d'un été brûlant que mon vœu expira. J'en vis approcher le terme avec un mélange de désir et d'effroi qui altéra sensiblement ma santé et ma raison.

« J'éprouvais un incroyable besoin de mouvement. J'appelais la vie avec ardeur sans songer que je vivais déjà trop et que je souffrais de l'excès de la vie.

« Mais après tout, me disais-je, que trouverai-je dans la vie dont je n'aie déjà sondé le néant? Quels plaisirs dont je n'aie découvert le vide, quelles croyances qui ne se soient évanouies devant mon examen sévère? Irai-je demander aux hommes le calme que je n'ai pu trouver dans la solitude? Me donneront-ils ce que Dieu m'a refusé? Si j'épuise encore une fois mon cœur à la poursuite d'un vain rêve, si j'abandonne la retraite à laquelle je me suis condamnée, pour aller me désabuser encore, où trouverai-je ensuite un asile contre le désespoir? Quelle espérance religieuse ou philosophique pourra me sourire ou m'accueillir encore quand j'aurai pénétré le fond de toutes mes illusions, quand j'aurai acquis la preuve complète, irrécusable de mon néant?

« Et pourtant, me disais-je encore, à quoi sert la retraite, à quoi sert la réflexion? Ai-je moins souffert parmi ces tombeaux en ruine qu'au sein des pompes humaines? Qu'est-ce qu'une philosophie stoïque, qui ne sert qu'à créer à l'homme des souffrances nouvelles? Qu'est-ce qu'une religion expiatoire et gémissante dont le but est de chercher la douleur au lieu de l'éviter? Tout cela n'est-il pas le comble de l'orgueil et de la folie? Sans tous ces raffinements de la pensée, les hommes, livrés aux seuls plaisirs des sens, ne seraient-ils pas plus heureux et plus grands? Cette prétendue élévation de l'esprit humain, peut-être que Dieu la réprouve, et au jour de la justice peut-être qu'il la couvrira de son mépris!

« Au milieu de ces irrésolutions, je cherchais dans les livres une direction à ma volonté flottante. Les naïves poésies des âges primitifs, les cantiques voluptueux de Salomon, les pastorales lascives de Longus, la philosophie érotique d'Anacréon, me semblaient parfois plus religieuses dans leur sublime nudité que les soupirs mystiques et les fanatiques hystéries de sainte Thérèse. Mais le plus souvent, je me laissais entraîner par une sympathie plus immédiate vers les livres ascétiques. C'est en vain que je voulais me détacher des impressions toutes spirituelles du christianisme; j'y revenais toujours. Je n'avais dans l'esprit qu'une jeunesse passagère pour tressaillir aux cantiques de l'*épouse,* pour sourire aux embrassements de Daphnis et de Chloé. Un instant suffisait pour user cette chaleur factice qu'une véritable simplicité de cœur n'entretenait pas, que les feux d'un soleil d'Orient ne venaient pas renouveler. J'aimais à lire la *Vie des saints,* ces beaux poëmes, ces dangereux romans, où l'humanité paraît si grande et si forte qu'on ne peut plus ensuite se baisser et regarder à terre les hommes tels qu'ils sont. J'aimais ces retraites éternelles, profondes, ces douleurs pieuses couvées dans le mystère de la cellule, ces grands renoncements, ces terribles expiations, toutes ces actions folles et magnifiques qui consolent les maux vulgaires de la vie par un noble sentiment d'orgueil flatté. J'aimais aussi à lire ces consolations douces et tendres que les solitaires recevaient dans le secret de leur âme, ces entretiens intimes du fidèle et de l'esprit saint dans la nuit des temples, ces correspondances naïves de François de Sales et de Marie de Chantal; mais surtout ces épanchements pleins d'amour austère et de métaphysique rêveuse entre Dieu et l'homme, entre Jésus dans l'eucharistie et l'auteur inconnu de *l'Imitation.*

« Ces livres étaient pleins de méditation, d'attendrissement et de poésie. Ils embellissaient la solitude; ils promettaient la grandeur dans l'isolement, la paix dans le travail, le repos de l'esprit dans la fatigue du corps. J'y trouvais le reflet d'un tel bonheur, l'empreinte d'une sagesse si délicieuse, que je recouvrais en les lisant l'espoir d'arriver au même but; je me disais que, comme moi, ces hommes saints avaient été éprouvés par de violentes tentations de retourner au monde, mais qu'ils les avaient surmontées courageusement; je me disais aussi que renoncer à mon œuvre après deux ans de combats et de triomphes, c'était perdre le fruit de si rudes efforts et agir avec plus de folie encore que de lâcheté; au lieu qu'en me rattachant à ma résolution, en renouvelant mon vœu pour un temps plus ou moins étendu, je recueillerais peut-être bientôt les fruits de ma persévérance. J'allais retourner à la société peut-être pour m'y briser sans retour, au lieu qu'en attendant quelques jours de plus au fond de mon cloître, j'allais entrer sans doute dans la béatitude des élus.

« Après ces longs combats où s'épuisait ma raison, je tombais dans le découragement, et je me demandais, en riant de moi-même avec mépris, si ma vie était une chose assez importante pour la défendre ainsi, et pour en promener les débris au milieu de tant d'orages.

« Ces irrésolutions me conduisirent jusqu'aux approches du printemps. A l'époque où mon vœu expira, pour couper court à mes angoisses, je pris un terme moyen : je me réfugiai dans l'inertie qui se traîne toujours à la suite des grandes émotions, je laissai passer les jours sans fixer mon avenir, attendant que le réveil de mes facultés me poussât dans la vie ou m'enchaînât dans l'oubli.

« En effet, je ne tardai pas à sentir les nouveaux aiguillons de cette inquiétude dangereuse qui m'avait déjà fait subir tant de maux. Je m'aperçus un jour que ma liberté m'était rendue, qu'aucun serment ne me consacrait plus à Dieu, que j'appartenais à l'humanité, et qu'il était temps peut-être de retourner à elle, si je ne voulais perdre entièrement l'usage de mon cœur et de mon intelligence. Les jours d'affaissement qui trouvaient si souvent place dans ma vie, me laissaient un long effroi, et je me débattais alternativement contre l'appréhension de l'idiotisme et celle de la folie.

« Un soir, je me sentis profondément ébranlée dans ma foi religieuse, et du doute je passai à l'athéisme. Je vécus plusieurs heures sous le charme d'un sentiment d'orgueil inconcevable, et puis je retombai de cette hauteur dans des abîmes de terreur et de désolation. Je sentis que le vice et le crime étaient tout près d'entrer dans ma vie, si je perdais l'espoir céleste qui seul m'avait fait jusque-là supporter les hommes.

« Le tonnerre vint à gronder sur ma tête : c'était le premier orage du printemps, un de ces orages prématurés qui bouleversent parfois inopinément les jours encore froids du mois d'avril. Je n'ai jamais entendu rouler la foudre et vu le feu du ciel sillonner les nuées, sans qu'un sentiment d'admiration et d'enthousiasme ne m'ait ramenée à l'instinct de la foi. Involontairement je tressaillis, et par habitude je m'écriai saisie d'une sainte terreur : Vous êtes grand, ô mon Dieu ! la foudre est sous vos pieds, et de votre front émane la lumière...

« L'orage augmentait ; je rentrai dans ma cellule, seul endroit vraiment abrité de l'abbaye. La nuit vint de bonne heure, la pluie tombait par torrents, le vent mugissait sans interruption dans les longs corridors, et les pâles éclairs s'éteignaient sous les nuées qui crevaient de toutes parts. Alors je trouvai dans mon isolement, dans la sécurité de mon abri, dans le calme austère, mais réel, qui m'entourait au milieu du désordre des éléments, un sentiment d'indicible bien-être et de reconnaissance passionnée envers le ciel. L'ouragan enlevait aux ruines des tourbillons de poussière et de craie qu'il semait sur les arbrisseaux incultes et sur les décombres. Il arrachait aux murs leurs rameaux de plantes grimpantes, à l'hirondelle le frêle abri de son nid à demi construit sous les voussures poudreuses. Il n'y avait pas une pauvre fleur, pas une feuille nouvelle qui ne fût flétrie et emportée ; les chardons emplissaient l'air de leur duvet dispersé ; les oiseaux pliaient leurs ailes humides et se réfugiaient dans les broussailles ; tout semblait contristé fatigué, brisé ; moi seule j'étais paisiblement assise au milieu de mes livres, occupée de temps en temps à suivre d'un œil nonchalant la lutte terrible des grands ifs contre la tempête et les ravages de la grêle sur les jeunes bourgeons des sureaux sauvages : Ceci, m'écriai-je, est l'image de ma destinée, le calme au fond de ma cellule, l'orage et la destruction au dehors. Mon Dieu, si je ne m'attache à vous, le vent de la fatalité m'emportera comme ces feuilles, il me brisera comme ces jeunes arbres. Oh! reprenez-moi, mon Dieu! reprenez mon amour, ma soumission et mes serments. Ne permettez plus que mon âme s'égare et flotte ainsi entre l'espoir et la méfiance ; ramenez-moi à de grandes et solides pensées par une rupture éternelle, absolue, entre moi et les choses, par une alliance indissoluble avec la solitude.

« Je m'agenouillai devant le Christ, et, dans un mouvement d'espoir et d'entraînement, j'écrivis sur la muraille blanche un serment que je lus à haute voix dans le silence de la nuit.

« Ici, un être encore plein de jeunesse et de vie
« se consacre à la prière et à la méditation par un
« serment solennel et terrible.

« Il jure par le ciel, par la mort et par la con-
« science, de ne jamais quitter l'abbaye de *** et d'y
« vivre tout le reste des jours qui lui seront comptés
« sur la terre. »

« Après cette résolution violente et singulière, je sentis un grand calme, et je m'endormis malgré l'orage qui augmentait d'heure en heure. Vers le jour, je fus éveillée par un fracas épouvantable. Je me levai et courus à ma fenêtre. Une des galeries supérieures qui élevait encore, la veille, ses frêles piliers et ses élégantes sculptures autour du préau, venait de céder à la force de l'ouragan et de s'écrouler. Un nouveau coup de vent fit craquer d'autres parties de l'édifice qui s'écroulèrent aussi en moins d'un quart d'heure. La destruction semblait s'étendre sous l'influence d'une volonté surnaturelle; elle approchait de moi: le toit qui m'abritait commençait à s'ébranler, les tuiles moussues volaient en éclats, et le châssis de la charpente semblait vaciller et repousser les murs à chaque nouveau souffle de la tempête.

« Sans doute la peur s'empara de moi, car je me laissai gouverner par des idées superstitieuses et puériles. Je pensai que Dieu renversait mon ermitage pour m'en chasser, qu'il repoussait un vœu téméraire et me forçait de retourner parmi les hommes. Je m'élançai donc vers la porte, moins pour fuir le danger que pour obéir à une volonté suprême. Puis je m'arrêtai au moment de la franchir, frappée d'une idée bien plus conforme à l'excitation maladive et à la disposition romanesque de mon esprit; je m'imaginai que Dieu, pour abréger mon exil et récompenser ma résolution courageuse, m'envoyait la mort, mais une mort digne des héros et des saints. N'avais-je pas juré de mourir dans cette abbaye? Avais-je le droit de la fuir, parce que la mort s'en approchait? Et quelle plus noble fin que de m'ensevelir, avec mes souffrances et mon espoir, sous ces ruines chargées de me sauver de moi-même, et de me rendre à Dieu purifiée par la pénitence et la prière? Je te salue, hôte sublime, m'écriai-je; puisque le ciel t'envoie, sois le bienvenu, je t'attends derrière le seuil de cette cellule qui aura été mon tombeau dès cette vie.

« Je me prosternai alors sur le carreau, et, plongée dans l'extase, j'attendis mon sort.

« Le dernier débris de l'abbaye ne devait pas rester debout dans cette sombre matinée. Avant le lever du soleil, la toiture fut emportée. Un pan de mur s'écroula. Je perdis le sentiment de ma situation.

« Un prêtre, que l'orage avait fourvoyé dans ces plaines désertes, vint à passer en ce moment au pied des murailles croulantes du couvent. Il s'en éloigna d'abord avec effroi, puis il crut entendre une voix humaine parmi les voix furieuses de la tempête. Il se hasarda entre les nouvelles ruines qui couvraient les anciennes, et me trouva évanouie sous des débris qui allaient m'ensevelir. La pitié, le zèle que donne la foi à ceux même qui manquent d'humanité, lui firent trouver la force cruelle de me sauver. Il m'emporta sur son cheval, à travers les plaines, les bois et les vallées. Ce prêtre s'appelait Magnus. Par lui je fus arrachée à la mort et rendue à la douleur.

« Depuis que je suis rentrée dans la société, mon existence est plus misérable qu'auparavant. Je n'ai voulu être l'esclave (la maîtresse, comme on dit) de personne; mais, ne me sentant liée à aucun homme par cette consécration expresse et volontaire de la possession, je laissai peu à peu mon imagination inquiète et avide parcourir l'univers et s'emparer de ce qui s'offrait à elle. Trouver le bonheur devint ma seule pensée, et, s'il faut avouer à quel point j'étais descendue au-dessous de moi-même, la seule règle de ma conduite, le seul but de ma volonté. Après avoir laissé, sans m'en apercevoir, flotter mes désirs vers les ombres qui passaient autour de moi, il m'arriva de courir en songe après elles, de les saisir à la volée, de leur demander impérieusement, sinon le bonheur, du moins l'émotion de quelques journées. Et comme ce libertinage invisible de ma pensée ne pouvait choquer l'austérité de mes mœurs, je m'y livrai sans remords. Je fus infidèle en imagination, non-seulement à l'homme que j'aimais; mais chaque lendemain me vit infidèle à celui que j'avais aimé la veille. Bientôt un seul amour de ce genre ne suffisant point à remplir mon âme toujours avide et jamais rassasiée, j'embrassai plusieurs fantômes à la fois. J'aimai dans le même jour et dans la même heure le musicien enthousiaste qui faisait vibrer toutes mes fibres nerveuses sous son archet, et le philosophe rêveur qui m'associait à ses méditations. J'aimai à la fois le comédien qui faisait couler mes larmes, et le poëte qui avait dicté au comédien les mots qui arrivaient à mon cœur. J'aimai même le peintre et le sculpteur dont je voyais les œuvres et dont je n'avais pas vu les traits. Je m'enamourai d'un son de voix, d'une chevelure, d'un vêtement, et puis d'un portrait seulement, du portrait d'un homme mort depuis plusieurs siècles. Plus je m'abandonnais à ces fantasques admirations, plus elles devenaient fréquentes, passagères et vides. Nul signe extérieur ne les a jamais trahies, Dieu le sait bien!

mais, je l'avoue avec honte, avec terreur, j'ai usé mon âme à ces frivoles emplois de facultés supérieures. J'ai souvenir d'une grande dépense d'énergie morale, et je ne me rappelle plus les noms de ceux qui, sans le savoir, gaspillèrent en détail le trésor de mes affections.

« Puis, à se prodiguer ainsi, mon cœur s'éteignit, je ne fus plus capable que d'enthousiasme; et ce sentiment s'effaçant au moindre jour projeté sur l'objet de mon illusion, je dus changer d'idole autant de fois qu'une idole nouvelle se présenta.

« Et c'est ainsi que j'existe désormais: j'appartiens toujours au dernier caprice qui traverse mon cerveau malade. Mais ces caprices, d'abord si fréquents et si impétueux, sont devenus rares et tièdes; car l'enthousiasme aussi s'est refroidi, et c'est après de longs jours d'assoupissement et de dégoût que je retrouve parfois de courtes heures de jeunesse et d'activité. L'ennui désole ma vie, Pulchérie, l'ennui me tue. Tout s'épuise pour moi, tout s'en va. J'ai vu à peu près la vie dans toutes ses phases, la société sous toutes ses faces, la nature dans toutes ses splendeurs. Que verrai-je maintenant? Quand j'ai réussi à combler l'abîme d'une journée, je me demande avec effroi avec quoi je comblerai celui du lendemain. Il me semble parfois qu'il existe encore des êtres dignes d'estime et des choses capables d'intéresser; mais, avant de les avoir examinés, j'y renonce par découragement et par fatigue. Je sens qu'il ne me reste pas assez de sensibilité pour apprécier les hommes, pas assez d'intelligence pour comprendre les choses. Je me replie sur moi-même avec un calme et sombre désespoir, et nul ne sait ce que je souffre. Les brutes dont la société se compose se demandent ce qui me manque, à moi, dont la richesse a pu atteindre à toutes les jouissances, dont la beauté et le luxe ont pu réaliser toutes les ambitions. Parmi tous ces hommes, il n'en est pas un dont l'intelligence soit assez étendue pour comprendre que c'est un grand malheur de n'avoir pu s'attacher à rien, et de ne pouvoir plus rien désirer sur la terre. »

## XXXVI

Pulchérie resta encore quelques instants dans l'attitude pensive où le récit de Lélia l'avait fait tomber. Puis, tout à coup, rejetant en arrière les beaux cheveux qui ombrageaient son front, comme une fière cavale qui secoue sa crinière avant de prendre sa course, elle se leva dans un transport d'impudence enthousiaste.

—Eh bien! s'il en est ainsi, et parce qu'il en est ainsi, il faut vivre! s'écria-t-elle. Couronnons-nous de roses, et remplissons les coupes de la joie! Que l'amour, la vertu et l'idéal hurlent en vain à la porte, comme les spectres effarés d'Ossian, tandis que les intrépides convives célèbrent la coupe en main la mémoire de leurs funérailles! Aussi bien, j'ai toujours eu la sagesse d'étouffer en moi toute folle velléité d'amour ; et chaque fois que je me suis sentie menacée d'aimer, je me suis hâtée de boire à longs traits la coupe d'ivresse, au fond de laquelle brille le précieux talisman d'indifférence, la satiété ! Eh quoi ! pleurer toute la vie l'erreur romanesque de l'adolescence ! se flétrir et descendre vivante dans la tombe, parce que les hommes nous haïssent ! Oh ! bien plutôt, méprisons-les, et vengeons-nous de leur despotisme, non par la tromperie, mais par l'indifférence. Qu'ils exhalent leur colère et leur jalousie ; j'en veux rire jusqu'à la mort. Quant à vous, Lélia, si vous ne voulez pas en faire autant, je n'ai qu'un conseil à vous donner : c'est de retourner à la solitude et à Dieu.

— Il n'est plus temps, Pulchérie, de prendre ce parti. Ma foi est chancelante, mon cœur est épuisé. Il faut pour brûler de l'amour divin plus de jeunesse et de pureté que pour toute autre noble passion. Je n'ai plus la force d'élever mon âme à un perpétuel sentiment d'adoration et de reconnaissance. Le plus souvent je ne pense à Dieu que pour l'accuser de ce que je souffre et lui reprocher sa dureté. Si parfois je le bénis, c'est quand je passe près d'un cimetière et que je pense à la brièveté de la vie.

— Vous avez vécu trop vite, reprit Pulchérie. Eh bien ! il faut, Lélia, que vous changiez l'exercice de vos facultés, que vous retourniez à la solitude, ou que vous cherchiez le plaisir : choisissez.

— Je viens des montagnes de Monteverdor. J'ai essayé de retrouver mes anciennes extases et le charme de mes rêveries pieuses. Mais là, comme partout, je n'ai trouvé que l'ennui.

— Il faudrait que vous fussiez enchaînée à un état social qui vous préservât de vous-même et vous sauvât de vos propres réflexions. Il faudrait que vous fussiez assujettie à une volonté étrangère, et qu'un travail forcé fît diversion au travail incessant et rongeur de votre imagination. Faites-vous religieuse.

— Il faut avoir l'âme virginale ; je n'ai de chaste que les mœurs. Je serais une épouse adultère du Christ ; et puis vous oubliez que je ne suis pas dévote. Je ne crois pas, comme les femmes de cette contrée, à la vertu régénératrice des chapelets et à la puissance absolutrice des scapulaires. Leur piété est quelque chose qui les repose, qui les rafraîchit et qui les endort. J'ai une trop grand idée de Dieu et du culte qu'on lui droit pour le servir machinalement, pour le prier avec des mots arrangés d'avance et appris par cœur. Ma religion trop passionnée serait une hérésie, et si on m'ôtait l'exaltation, il ne me resterait plus rien.

— Eh bien ! dit Pulchérie, puisque vous ne pouvez pas vous faire religieuse, faites-vous courtisane. Le corps est une puissance moins rebelle que l'esprit. Destiné à profiter des biens matériels, c'est aussi par des moyens matériels qu'on peut le gouverner. Va, ma pauvre rêveuse, réconcilie-toi avec cette humble portion de ton être. Ne méprise pas plus longtemps ta beauté que tous les hommes adorent, et qui peut refleurir encore comme aux jours du passé. Ne rougis pas de demander à la matière les joies que t'a refusées l'intelligence. Tu l'as dit. Tu sais bien d'où vient ton mal : c'est d'avoir voulu séparer deux puissances que Dieu avait étroitement liées...

—Mais, ma sœur, reprit Lélia, n'avez-vous pas fait de même ?

— Nullement ! J'ai donné la préférence à l'une sans exclure l'autre. Croyez-vous que l'imagination reste étrangère aux aspirations des sens ? L'amant qu'on embrasse n'est-il pas un frère, un enfant de Dieu, qui partage avec sa sœur les bienfaits de Dieu ? Pour vous, Lélia, qui avez tant de poésie à votre service, je m'étonne que vous ne trouviez pas cent moyens de relever la matière et d'embellir les impressions réelles. Je crois que le dédain seul vous arrête, et que, si vous abjuriez cette injuste et folle disposition, vous vivriez de la même vie que moi. Qui sait ? Avec plus d'énergie peut-être vous inspireriez de plus ardentes passions. Venez, courons ensemble sous ces allées sombres, où de temps en temps je vois scintiller faiblement l'or des costumes et voltiger les plumes blanches des barettes. Combien d'hommes jeunes et beaux, pleins d'amour et de puissance, errent sous ces arbres en cherchant le plaisir ! Venez, Lélia, excitons-les à nous poursuivre : passons rapidement près d'eux ; effleurons-les de nos vêtements, et puis échappons-nous, comme ces phalènes que vous voyez dans le rayon des lumières se chercher, s'atteindre, se séparer et se rejoindre, pour tomber mortes et folles d'amour dans la flamme qui les dévore. Venez, vous dis-je, je guiderai vos pas tremblants, je connais tous ces hommes. J'appellerai les plus aimables et les plus élégants autour de vous. Vous serez hautaine et cruelle à votre aise, Lélia. Mais vous entendrez leurs propos, vous sentirez leur haleine sur vos épaules. Vous frémirez peut-être quand le vent du soir apportera à vos narines dilatées le parfum de leurs chevelures, et peut-être ce soir sentirez-vous une faible curiosité de connaître la vie tout entière.

— Hélas! Pulchérie, ne l'ai-je pas horriblement connue? Ne vous souvient-il plus de ce que je vous ai raconté?

— Vous aimiez cet homme avec votre âme : vous ne pouviez pas songer à goûter près de lui un plaisir réel. Cela est simple. Il faut qu'une faculté, arrivée à son plus grand développement, étouffe et paralyse les autres. Mais ici ce serait différent. . . . . .
. . . . . . . . . . . . . . . . .

La courtisane entraîna Lélia et continua de lui parler en baissant la voix.

— Mais d'abord, continua Pulchérie, il faut songer à vous travestir. Vous ne voudriez pas sans doute livrer à la foule le grand nom de Lélia, quoique, à vous dire vrai, la solitude où vous vivez provoque dans l'esprit des hommes de plus graves accusations que mes galanteries. Mais peut-être ne trouvez-vous pas au-dessous de votre destinée d'être soupçonnée de mystérieuses et terribles passions, tandis que vous mépriseriez le vulgaire renom d'une bacchante. Ainsi donc, venez prendre un domino semblable au mien, et vous pourrez, à la faveur de certaines ressemblances qui existent entre nous, et surtout entre nos voix, descendre sans danger du rôle majestueux et déplorable que vous avez choisi. Venez, Lélia.

. . . . . . . . . . . . . . . . . .

La foule, qui se pressait sous le péristyle pour admirer les larges éclairs dont le ciel était sillonné, sépara les deux sœurs au moment où elles sortaient du vestiaire, enveloppées dans leurs capuchons de satin bleu. Lélia fut emportée par un flot de masques, parmi lesquels circulaient tant de costumes semblables au sien, qu'elle n'osa point essayer de reconnaître sa sœur Pulchérie ; et timide, effrayée, dégoûtée déjà du rôle qu'elle allait tenter, elle s'enfonça dans les jardins, résolue d'abandonner aux caprices du hasard les restes d'une existence désolée.

Elle pénétra cette fois, sans le savoir, dans une partie des bosquets que le prudent prince de Bambucci avait réservée à ses élus. C'était un labyrinthe de verdure dont l'entrée était gardée par un groupe des plus experts subalternes du prince. Ils étaient au courant de toutes les intrigues de la cour, et d'heure en heure des messagers, dépêchés de l'intérieur du palais, venaient modifier leurs consignes, et leur signaler les nouveaux initiés qu'ils pouvaient admettre dans le sanctuaire. Tout jaloux incommode, tout protecteur ombrageux en était repoussé sans appel ; les femmes seules pouvaient entrer sans se démasquer : le tout par amour des convenances.

C'était un champ d'asile, un lieu de refuge pour les *amis* que de fâcheux obstacles séparaient au dehors. On y était en sûreté, et tout s'y passait avec une miraculeuse régularité. On s'y promenait par groupes ; on s'y asseyait en cercle ; les allées et les salles de verdure étaient pleines de lumière et de monde. Mais les affidés connaissaient bien par quel sentier, par quelle porte on arrivait au pavillon d'Aphrodise, dont les terrasses immenses s'étendaient sur le bord de la mer.

A peine Lélia eut-elle fait quelques pas sous ces dangereux ombrages, qu'une voix murmura auprès d'elle :

— Voici Zinzolina, la célèbre Zinzolina !

Aussitôt un groupe d'hommes dorés et empanachés se pressa sur ses traces.

— Eh quoi ! Zinzolina ! ne nous reconnais-tu pas ? Est-ce ainsi que l'on oublie ses fidèles amis ? Allons, prends mon bras, belle solitaire, et fêtons encore les anciennes divinités.

— Non, non, dit un autre en essayant de s'emparer du bras de Lélia. N'écoute point ce Piémontais bâtard : viens à moi qui suis un pur Napolitain, et qui des premiers t'ai initiée aux doux secrets d'amour. Ne t'en souvient-il plus, tourterelle aux voluptueux soupirs ?

Un grand cavalier espagnol mit de force le bras de Lélia sous le sien.

— C'est moi que la bonne Zinzolina a choisi entre tous, dit-il ; elle est comme moi de noble race andalouse, et rien au monde ne la déciderait à mécontenter un compatriote et un fidalgue.

— Zinzolina est de tous les pays, dit un Allemand; elle me l'a dit dans son boudoir à Vienne.

— Tedesco! s'écria un Sicilien, si Zinzolina nous faisait l'affront de te préférer à nous, voici un poignard qui nous vengerait d'elle.

— Allons, allons, tirons au sort, cria un jeune page; Zinzolina mêlera nos noms dans ma toque.

— Mon nom, repartit le fidalgue, est gravé sur la lame de mon épée.

Et il la tira du fourreau d'un air menaçant.

Les gens du prince intervinrent, et Lélia s'enfuit. Mais elle ne fut pas longtemps seule. Un prince russe lui dit au détour d'une allée :

—Zinzolina, que cherches-tu ici? Et pourquoi es-tu seule? Veux-tu m'aimer toute une heure? Je te donnerai cette chaîne de diamants qui est un présent des czars.

Lélia fit un geste de mépris. Un grand seigneur français s'en aperçut.

—Quelle grossièreté! dit-il. Que ces *étrangers* sont rudes et insolents! Depuis quand parle-t-on ainsi aux femmes? Pour qui ce rustre vous prend-il, Zinzolina? Écoutez-moi.

Et celui-ci offrit son palais, ses gens, ses vins et ses chevaux.

— Mais vous croyez donc bien peu au plaisir que vous offrez, leur dit Lélia, puisque vous y joignez tant de séductions pour la cupidité? Vos embrassements sont donc bien hideux, puisque vous les payez si cher? Où est l'amour dans tout cela? où est seulement l'ardeur des sens ? Ici brutalité, là corruption. Vous n'avez d'autres appâts que la force, la vanité ou le gain. Le plaisir est-il donc mort, étouffé sous la civilisation ? L'amour antique a-t-il abandonné la terre et pris son vol vers d'autres cieux ?

Elle rejeta alors son capuchon sur ses épaules ; et, à l'aspect de ce visage toujours si hautain et si grave, la foule se dispersa, et les adorateurs audacieux de Pulchérie s'inclinèrent respectueusement devant Lélia.

—Tu renonces déjà à ton entreprise ? lui dit Pulchérie en la saisissant par sa large manche. Non, non, pas encore, Lélia ; tout n'est pas désespéré : ton heure n'est pas venue.

—Mon heure ne viendra pas, dit Lélia. Tout ceci me déplaît et m'irrite. Leur haleine est froide, leurs chevelures sont rudes, leurs étreintes meurtrissent, et l'ambre de leurs vêtements dissimule mal je ne sais quelles émanations âcres et grossières qui me repoussent. Au milieu d'eux, mon sang se calme, mes idées s'éclaircissent, ma volonté s'élève : je n'ai plus d'autre désir que de m'asseoir et de les regarder passer en les méprisant. Vous aurez beau dire, Pulchérie, une femme n'est pas un instrument grossier que le premier rustre venu peut faire vibrer : c'est une lyre délicate qu'un souffle divin doit animer avant de lui demander l'hymne de l'amour. Il n'y a pas d'être bien organisé qui soit incapable réellement de connaître le plaisir ; mais je crois qu'il y a beaucoup d'êtres mal organisés qui ne connaissent pas autre chose, et dont on chercherait vainement à obtenir, au milieu des actes de l'amour, un mot, une pensée ou un sentiment qui ressemblât à ce que je rêve dans l'amour. Ce sublime échange des plus nobles facultés ne peut pas, ne doit pas être réduit à une sensation animale.

— Eh bien ! viens par ici, Lélia. Écoute parler un jeune homme que je viens de rencontrer, et que j'agace en vain. Peut-être la compassion sera-t-elle plus efficace sur toi que le reste.

Lélia suivit sa sœur sous une grotte artificielle, éclairée faiblement dans le fond par une petite lampe.

—Arrêtez-vous ici, lui dit Pulchérie en la cachant dans un angle obscur, et regardez ce bel adolescent aux cheveux bruns. Le connaissez-vous ?

— Si je le connais ! répondit Lélia, c'est Sténio. Mais que fait-il dans les jardins réservés, et dans cette grotte qui est, si je ne me trompe, une des entrées souterraines du fameux pavillon ? Lui, Sténio le poëte, Sténio le mystique, Sténio l'amoureux !

— Oh ! écoutez-le, dit Pulchérie, vous verrez qu'il est fou d'amour, et qu'il faut le plaindre.

Alors Pulchérie laissa Lélia où elle l'avait cachée, et, s'approchant de Sténio sur la pointe du pied, elle essaya de l'embrasser.

—Laissez-moi, madame, dit fièrement le jeune homme, je n'ai pas besoin de vos caresses. Je vous l'ai dit, ce n'est pas vous que je cherchais, lorsque, trompé par le son de votre voix, je vous ai suivie dans ces jardins. Mais, depuis que j'ai arraché votre masque, je sais bien que vous n'êtes qu'une courtisane. Allez, madame, je ne puis être à vous. Je suis pauvre, et d'ailleurs je ne désire point les plaisirs qu'il faut payer. Il n'y a au monde qu'une femme pour moi : c'est celle que vous avez nommée. Est-elle ici ? la connaissez-vous ?

— Je connais Lélia, car elle est ma sœur, répondit Pulchérie. Si vous voulez me suivre sous ces voûtes obscures, je vous mènerai dans un lieu où vous pourrez la voir

— Oh ! vous mentez, dit le jeune homme, Lélia n'est pas votre sœur, et vous ne sauriez me la montrer. Je vous ai suivie jusqu'ici, crédule comme un enfant que je suis, espérant toujours que vous me la montreriez. Mais vous m'avez trompé, et voici que vous revenez seule.

— Enfant ! je puis te mener vers elle si je veux. Mais sache auparavant que Lélia ne t'aime pas. Jamais Lélia ne récompensera ton amour. Crois-moi, cherche ailleurs les joies que tu espérais d'elle, et, si tu ne peux chasser cette chimère de ton esprit, du moins enivre-toi, en passant, aux sources du plaisir; demain tu te réveilleras pour courir encore après ton fantôme. Mais au moins, durant cette course haletante et folle, ta vie ne se consumera pas toute dans l'attente et dans le rêve. Tu feras de douces haltes sous les palmiers avec les filles des hommes, et tu ne suivras le démon aux ailes de feu, qui t'appelle du fond des nuées, que rafraîchi et consolé par nos libations et nos caresses. Viens reposer ta tête sur mon sein, jeune fou que tu es; tu verras que je ne veux pas te garder et t'endormir longtemps. Je veux seulement te soulager dans ta marche pénible, afin que tu puisses reprendre un essor plus courageux vers la poésie et vers Lélia.

— Laissez-moi, laissez-moi, dit Sténio avec force, je vous méprise et je vous hais : vous n'êtes pas Lélia, vous n'êtes pas sa sœur, vous n'êtes pas même son ombre. Je ne veux pas de vos plaisirs, je n'en ai pas besoin : c'est de Lélia seule que je voudrais tenir le bonheur. Si elle me repousse, je vivrai seul, et je mourrai vierge. Je ne souillerai pas sur le sein d'une courtisane ma poitrine embrasée d'un pur amour.

— Viens donc, Lélia, dit Pulchérie en attirant sa sœur vers Sténio; viens récompenser une fidélité digne des temps chevaleresques.

Mais en même temps la moqueuse fille, changeant aussitôt de rôle à la faveur de l'obscurité, laissa Lélia un peu en arrière, et se penchant sur Sténio : — O mon poëte ! lui dit-elle en imitant le parler plus lent et l'embrassement plus chaste de Lélia, ta fidélité m'a touchée, et je viens t'en récompenser.

Alors elle prit la main du jeune poëte, et l'emmena sous ces voûtes sombres et froides qu'éclairaient par intervalles des lampes suspendues au plafond. Sténio tremblait et croyait faire un rêve. Il était trop troublé pour se demander où l'emmenait Lélia. Il croyait sentir sa main dans la sienne et craignait de s'éveiller.

Lorsqu'ils furent au bout de cette galerie souterraine, elle tira le cordon de soie d'une sonnette. Une porte s'ouvrit seule comme par enchantement. Ils montèrent les degrés qui conduisaient au pavillon d'Aphrodise.

Comme ils traversaient un couloir silencieux où le bruit des pas s'amortissait sur les tapis, Sténio crut voir passer rapidement près de lui une femme vêtue comme Lélia ou comme Pulchérie. Il ne s'en inquiéta point, car Lélia tenait toujours sa main, et il entra avec elle dans un boudoir délicieux. Elle éteignit aussitôt toutes les bougies, ôta son masque, et le jeta dans un cabinet voisin ; puis elle revint s'asseoir près de Sténio sur un divan de soie brochée d'or, et un verrou fut tiré au dehors par je ne sais quelle main malicieuse ou discrète.

— Sténio ! vous m'avez désobéi, dit-elle. Je vous avais défendu de chercher à me revoir avant un mois, et voici déjà que vous couriez après moi.

— Est-ce pour me gronder que vous m'avez amené ici ? dit-il. Après une séparation qui m'a paru si longue, faut-il que je vous retrouve irritée contre moi ? N'y a-t-il pas un an que je vous ai quittée ? Comment voulez-vous que je sache le compte des jours qui se traînent loin de vous ?

— Vous ne pouvez donc pas vivre sans moi, Sténio ?

— Je ne le puis pas, ou il faut que je devienne fou. Vous avez vu comme mes joues se sont déjà creusées, comme mes lèvres se sont flétries sous le feu de la fièvre, comme mes yeux et mes paupières ont été ravagés par l'insomnie. Direz-vous encore que mon imagination seule est malade, et ne voyez-vous pas que l'âme peut tuer le corps ?

— Aussi je ne vous fais pas de reproches, enfant. Votre pâleur me touche et vous embellit; et tout à l'heure votre résistance aux séductions de ma sœur m'a donné de l'orgueil. Je comprends qu'il est beau d'être aimée ainsi, et je veux tâcher, Sténio, de trouver mon bonheur en vous. Oui, j'y suis décidée, je ne chercherai plus. La seule chose qui puisse adoucir la vie, c'est une affection comme la vôtre. Je ne la mérite pas, mais je l'accepte avec reconnaissance. Ne dites plus que Lélia est insensible. Je vous aime, Sténio, vous le savez bien. Seulement je me débattais contre ce sentiment que je craignais de mal comprendre et de mal partager. Mais vous m'avez dit bien des fois que vous accepteriez l'amour que je vous accorderais, fût-il au-dessous du vôtre : je ne résisterai donc plus. Je me livre à la bonté de Dieu et à la puissance de votre cœur. Tenez, je sens que je vous aime. Êtes-vous content, êtes-vous heureux, Sténio !

—Oh ! bien heureux ! dit Sténio éperdu, en tombant à ses pieds et en les couvrant de ses pleurs. Est-il vrai que je ne rêve point ? Est-ce bien Lélia qui parle ainsi ? Mon bonheur est si grand que je n'y crois pas encore..

— Croyez, Sténio, et espérez. Peut-être que Dieu aura pitié de vous et de moi. Peut-être qu'il rajeunira mon cœur, et qu'il le rendra digne du vôtre. Dieu vous doit bien cette récompense, à vous qui êtes si pur et si pieux. Appelez sur moi un rayon de son feu divin.

— Oh! ne parle pas ainsi, Lélia. N'es-tu pas cent fois plus grande que moi devant lui? N'as-tu pas aimé, n'as-tu pas souffert bien plus longtemps que moi? Oh! sois heureuse, et repose-toi enfin dans mes bras d'une si rude destinée. Ne te fatigue pas à m'aimer, ne tourmente pas ton pauvre cœur, dans la crainte de ne pas faire assez pour moi. Oh! je te le dis encore, aime-moi comme tu pourras.

Lélia passa son bras autour du cou de Sténio; elle déposa sur ses lèvres un long baiser si ardent et si obstiné que Sténio poussa un cri de joie et s'écria :
— O Galathée !

Un léger bruit se fit entendre dans le cabinet voisin. Sténio tressaillit. Lélia le retint en serrant plus fort son bras autour de son cou. Il demeura ivre d'amour et de joie à ses pieds; puis un long silence suivit cette étreinte.

— Eh bien! Sténio, dit-elle en sortant d'une longue et douce rêverie, qu'avez-vous à me dire? Êtes-vous déjà moins heureux?

— Oh! non, mon ange! répondit Sténio.

— Voulez-vous que nous allions faire une promenade en gondole dans la baie? dit Lélia en se levant.

— Eh quoi! déjà nous quitter? répondit Sténio avec tristesse.

— Nous ne nous quitterons pas, dit-elle.

— Eh! n'est-ce pas nous quitter que de retourner parmi cette foule? Nous étions si bien ici! Cruelle! vous avez toujours besoin de mouvement et de distraction. Avouez-le, Lélia, l'ennui vous poursuit déjà près de moi.

— Vous mentez, mon amour, répondit Lélia en se rasseyant.

— Eh bien! dit-il, embrasse-moi encore.

Lélia l'embrassa comme la première fois. Sténio tomba alors dans une sorte de délire. Oh! laisse-moi tes lèvres parfumées! s'écria-t-il, tes lèvres plus douces que le miel. C'est la première fois que tu fais descendre sur moi, du haut des cieux, cette volupté inconnue. Qu'as-tu donc, ce soir, ô ma bien-aimée? Quel feu émane de toi? quelle langueur s'empare de moi-même? Où suis-je? quel dieu plane sur nos têtes? Pourquoi disais-tu que tu ne savais pas inspirer de pareils transports? Tu ne le voulais donc pas, car tu me consumes, et l'air s'embrase autour de toi!

— Vous m'aimez donc mieux aujourd'hui que vous n'avez fait jusqu'ici? lui dit-elle.

— C'est d'aujourd'hui seulement que je t'aime! s'écria Sténio; car c'est d'aujourd'hui qu'il ne se mêle à mon bonheur ni doute ni crainte.

Lélia se leva de nouveau.

— Vous me faites pitié, lui dit-elle d'un ton presque méprisant. Ce n'est point une âme que vous voulez : c'est une femme, n'est-ce pas?

— Oh! dit Sténio, pour l'amour du ciel! ne redeviens pas le spectre moqueur et cruel qui venait de faire place à la plus belle, à la plus sainte, à la plus aimée des femmes. Rends-moi tes caresses, rends-moi mon délire, rends-moi la maîtresse qui était prête à se révéler ! C'est ainsi vraiment que tu es digne de tout mon amour, je le sens. Va, ne crains pas de descendre ; je viens de t'aimer réellement pour la première fois. Mon imagination était seule éprise de toi jusqu'ici. Aujourd'hui mon cœur s'ouvre à la tendresse véritable, à la reconnaissance, car aujourd'hui tu donnes le bonheur.

— Ainsi, l'amour d'une intelligence n'est rien ! répéta Lélia d'une voix sombre ; dites encore, Sténio, dites encore que c'est ainsi que vous m'aimez ! Voilà tout ce que vous vouliez de moi ? Voilà quelle fin miraculeuse et divine se proposait votre passion si poétique et si grande ?

Sténio désespéré se jeta le visage contre les coussins.

— Oh ! vous me tuerez, dit-il en sanglotant, vous me tuerez par vos mépris !...

Il lui sembla que Lélia sortait, et il releva la tête avec effroi. Il se trouva dans une obscurité profonde, et se leva pour la chercher dans les ténèbres. Une main humide prit la sienne.

— Allons donc ! lui dit la voix adoucie de Lélia. J'ai pitié de toi, enfant : viens sur mon cœur, et oublie ta peine.

# XXXVII

Quand Sténio souleva sa tête appesantie, des chants d'oiseaux annonçaient au loin dans les campagnes les approches du jour. L'horizon blanchissait et l'air frais du matin arrivait par bouffées embaumées sur le front humide et pâle du jeune homme. Son premier mouvement fut d'embrasser Lélia ; mais elle avait rattaché son masque, et elle le repoussa doucement en lui faisant signe de garder le silence. Sténio se souleva avec effort, et, brisé de fatigue, d'émotion et de plaisir, il s'approcha de la fenêtre entr'ouverte. L'orage était entièrement dissipé, les lourdes vapeurs dont le ciel était chargé quelques heures auparavant s'étaient roulées en longues bandes noires, et s'en allaient une à une poussées par le vent vers l'horizon grisâtre. La mer brisait avec un léger bruit ses lames écumeuses et nonchalantes sur le sable du rivage et sur les degrés de marbre blanc de la villa. Les orangers et les myrtes, agités par le souffle du matin, se penchaient sur les flots et secouaient leurs branches en fleurs dans l'onde amère. Les lumières pâlissaient aux mille fenêtres du palais Bambucci, et quelques masques erraient à peine sous le péristyle bordé de pâles statues.

— Oh! quelle heure délicieuse! s'écria Sténio en ouvrant ses narines et sa poitrine à cet air vivifiant. O ma Lélia! je suis sauvé, je suis rajeuni. Je sens en moi un homme nouveau. Je vis d'une vie plus suave et plus pleine. Lélia, je veux te remercier à genoux : car j'étais mourant, et tu as voulu me guérir, et tu m'as fait connaître les délices du ciel.

— Cher ange! lui dit Lélia en l'entourant de ses bras, vous êtes donc heureux maintenant?

— J'ai été le plus heureux des hommes, dit-il, mais je veux l'être encore. Ote ton masque, Lélia. Pourquoi me cacher ton visage? Rends-moi tes lèvres qui m'ont enivré : embrasse-moi comme tout à l'heure.

—Non, non : écoutez, dit Lélia, écoutez cette musique qui semble sortir de la mer et s'approcher de la grève sur la crête mouvante des vagues.

En effet, les sons d'un orchestre admirable s'élevaient sur les flots, et bientôt plusieurs gondoles remplies de musiciens et de masques sortirent successivement d'une petite anse formée par les bois d'orangers et de catalpas. Elles glissaient mollement comme de beaux cygnes sur les eaux calmes de la baie, et bientôt elles allaient passer devant les terrasses du pavillon.

L'orchestre fit silence, et une barque de forme asiatique cingla légèrement en avant de la petite flotte. Cette embarcation, plus frêle et plus élégante que les autres, était montée par des musiciens dont tous les instruments étaient de cuivre. Ils sonnèrent une brillante fanfare, et ces voix de métal, si sonores et si pénétrantes, vinrent du fond des ondes bondir sur les murs du pavillon. Aussitôt toutes les fenêtres s'entr'ouvrirent successivement, et tous les amants heureux, réfugiés dans les boudoirs du pavillon d'Aphrodise, se répandirent par couples sur la terrasse et sur les balcons. Mais en vain les jaloux et les médisants, embarqués sur les gondoles, promenèrent sur eux d'avides regards. Ils avaient revêtu de nouveaux costumes dans l'intérieur du pavillon, et à l'abri de leurs masques ils saluaient gaiement la flotte.

Lélia voulut entraîner Sténio parmi eux; mais elle ne put le décider à sortir de la langueur délicieuse où il était plongé.

— Que m'importent leurs joies et leurs chants? disait-il. Puis-je ressentir quelque admiration ou quelque plaisir quand je viens de connaître les délices du ciel? Laissez-moi savourer au moins ce souvenir...

Mais Sténio se leva tout à coup et fronça le sourcil.

— Qu'est-ce donc que cette voix qui chante sur les flots? dit-il avec un frisson involontaire.

— C'est une voix de femme, répondit Lélia, une belle et grande voix, en vérité. Voyez comme dans les gondoles et sur le rivage on se presse pour l'écouter!

— Mais, dit Sténio dont le visage s'altérait par degrés, à mesure que les sons pleins et graves de cette voix montaient vers lui, si vous n'étiez ici, près de moi, votre main dans la mienne, je croirais que cette voix est la vôtre, Lélia.

— Il y a des voix qui se ressemblent, répondit-elle. Cette nuit, n'avez-vous pas été complétement abusé par celle de ma sœur Pulchérie?...

Sténio n'écoutait que la voix qui venait de la mer, et semblait agité d'une crainte superstitieuse.

— Lélia! s'écria-t-il, cette voix me fait mal; elle m'épouvante : elle me rendra fou si elle continue.

Les instruments de cuivre jouèrent une phrase de chant; la voix humaine se tut : puis elle reprit quand les instruments eurent fini; et cette fois elle était si rapprochée, si distincte, que Sténio troublé s'élança et ouvrit tout à fait le châssis doré de la fenêtre.

— A coup sûr tout ceci est un songe, Lélia. Mais cette femme qui chante là-bas... Oui, cette femme, debout et seule à la proue de la barque, c'est vous, Lélia, ou c'est votre spectre.

— Vous êtes fou! dit Lélia en levant les épaules. Comment cela se pourrait-il?

— Oui, je suis fou, mais je vous vois double. Je vous vois et je vous entends ici près de moi, et je vous entends et je vous vois encore là-bas. Oui, c'est vous c'est ma Lélia; c'est elle dont la voix est si puissante et si belle, c'est elle dont les cheveux noirs flottent au vent de la mer : la voilà qui s'avance, portée sur sa gondole bondissante. O Lélia! est-ce que vous êtes morte? Est-ce que c'est votre fantôme que je vois passer? Est-ce que vous êtes fée, ou démon, ou sylphide? Magnus m'avait bien dit que vous étiez deux...

Sténio se pencha tout à fait hors de la fenêtre, et oublia la femme masquée qui était près de lui pour ne plus regarder que la femme semblable à Lélia, de voix, d'attitude, de taille et de costume, qu'il voyait venir sur les ondes.

Quand la barque qui la portait fut au pied du pavillon, le jour était pur et brillant sur les flots. Lélia se tourna tout à coup vers Sténio, et lui montra son visage en lui faisant un signe d'amicale moquerie.

Il y eut dans son sourire tant de malice et de cruelle insouciance, que Sténio soupçonna enfin la vérité.

—Celle-ci est bien Lélia! s'écria-t-il, oh! oui, celle qui passe devant moi comme un rêve et qui s'éloigne en me jetant un regard d'ironie et de mépris! Mais celle qui m'a enivré de ses caresses, celle que j'ai pressée dans mes bras en l'appelant mon âme et ma vie, qui est-elle donc? Maintenant, madame, dit-il en s'approchant du domino bleu d'un air menaçant, me direz-vous votre nom et me montrerez-vous votre visage?

— De tout mon cœur, répondit la courtisane en se démasquant. Je suis Zinzolina la courtisane, Pulchérie, la sœur de Lélia; je suis Lélia elle-même, puisque j'ai possédé le cœur et les sens de Sténio pendant toute une heure. Allons, ingrat, ne me regardez pas ainsi d'un air égaré : venez baiser mes lèvres, et souvenez-vous du bonheur dont vous m'avez remercié à genoux.

— Fuyez! s'écria Sténio furieux en tirant son stylet, ne restez pas un instant de plus devant moi, car je ne sais pas de quoi je suis capable.

Zinzolina s'enfuit; mais, en traversant la terrasse qui était sous les fenêtres du pavillon, elle cria d'un ton moqueur :

— Adieu, Sténio le poëte! Nous sommes fiancés maintenant : nous nous reverrons!

# XXXVIII

Lélia, vous m'avez cruellement trompé! Vous vous êtes jouée de moi avec un sang-froid que je ne puis comprendre. Vous avez allumé dans mes sens un feu dévorant que vous ne vouliez pas éteindre. Vous avez appelé mon âme sur mes lèvres, et vous l'avez dédaignée. Je ne suis pas digne de vous, je le sais bien; mais ne pouvez-vous pas m'aimer par générosité? Si Dieu vous a faite pareille à lui-même, n'est-ce pas pour que vous suiviez son exemple sur la terre? Si vous êtes un ange envoyé du ciel parmi nous, au lieu d'attendre que nos pieds gravissent les sommets où vous marchez, votre devoir n'est-il pas de nous tendre la main, et de nous enseigner la route que nous ignorons?

Vous avez compté sur la honte pour me guérir;

vous avez cru qu'en me réveillant dans les bras d'une courtisane, je serais éclairé d'une soudaine lumière. Vous espériez, dans votre sagesse inexorable, que mes yeux se dessilleraient enfin, et que je n'aurais plus qu'un dédaigneux mépris pour les joies que vos bras m'avaient promises, et que vous avez remplacées par les caresses lascives de votre sœur. Eh bien! Lélia, votre espérance est déçue. Mon amour est sorti victorieux et pur de cette épreuve. Mon front n'a pas gardé l'empreinte des baisers de Pulchérie, il ne rougira pas. Je me suis endormi en murmurant votre nom. Votre image était dans tous mes rêves. Malgré vous, malgré vos mépris, vous étiez à moi tout entière : je vous ai possédée, je vous ai profanée !...

Pardonne à ma douleur, ô ma bien-aimée! pardonne à ma colère sacrilége. Ingrat que je suis, ai-je le droit de t'adresser un reproche? Puisque mes baisers n'ont pas réchauffé le marbre de tes lèvres, c'est que je ne méritais pas un pareil miracle. Mais au moins, dis-moi, je t'en conjure à genoux, dis-moi quelles craintes ou quels soupçons t'éloignent de moi? Crains-tu de m'obéir en me cédant? Penses-tu que le bonheur fera de moi un maître impérieux? Si tu doutes, ô ma Lélia! si tu doutes de mon éternelle reconnaissance, alors je n'ai plus qu'à pleurer et à prier Dieu pour qu'il te fléchisse; car ma langue se refuse à de nouveaux serments.

Tu me l'as dit souvent, et je n'avais pas besoin de tes révélations, je l'avais deviné : les hommes ont éprouvé sévèrement ta confiance et ta crédulité. Ton cœur a été sillonné de profondes blessures. Il a saigné longtemps, et ce n'est pas merveille si tes plaies en se refermant l'ont recouvert d'insensibles cicatrices. Mais tu ne sais donc pas, mon amour, que je t'aime pour les souffrances de ta vie passée? Tu ne sais donc pas que j'adore en toi l'âme inébranlable qui a subi sans plier les orages de la vie? Ne m'accuse pas de méchanceté; si tu avais toujours vécu dans le calme et la joie, je sens que je t'aimerais moins. Si quelqu'un est coupable de mon amour, c'est Dieu sans doute; car c'est lui qui a mis dans ma conscience l'admiration et le culte de la force, la dévotion pour le courage; c'est lui qui m'ordonne de m'incliner devant toi. Tes souvenirs expliquent assez ta défiance. En m'aimant, tu crains d'aliéner ta liberté : tu crains de perdre un bien qui t'a coûté tant de larmes. Mais dis-moi, Lélia, que fais-tu de ce trésor dont tu es si fière? Depuis que tu as réussi à concentrer en toi-même l'activité dévorante de tes facultés, es-tu plus heureuse? Depuis que l'humanité n'est plus rien à tes yeux qu'une poussière à qui Dieu permet de s'agiter quelque temps sous tes pieds, la nature est-elle pour toi un plus riche et plus magnifique spectacle? Depuis que tu t'es retirée des villes, as-tu découvert dans l'herbe des champs, dans la voix des eaux, dans le pas majestueux des fleuves, un charme plus puissant et plus sûr? La voix mystérieuse des forêts est-elle plus douce à ton oreille? Depuis que tu as oublié les passions qui nous agitent, as-tu surpris le secret des nuits étoilées? Converses-tu avec d'invisibles messagers qui te consolent par leurs confidences de notre faiblesse et de notre indignité? Avoue-le, tu n'es pas heureuse. Tu te pares de ta liberté comme d'un joyau inestimable, mais tu n'as pour te distraire que l'étonnement et l'envie de la foule qui ne te comprend pas. Tu n'as pas de rôle à jouer parmi nous, et cependant tu es lasse d'oisiveté. Tu ne trouves pas autour de toi une destinée à la taille de ton génie, et tu as épuisé toutes les joies de la réflexion solitaire. Tu as franchi sans trembler les plaines désolées où le vulgaire ne pouvait te suivre : les montagnes que nos yeux osent à peine mesurer, tu en as touché le sommet, et voici que le vertige te prend, tes artères se dilatent et bourdonnent. Tu sens tes tempes se gonfler, tu n'as plus que Dieu où te réfugier; tu n'as plus que son trône où t'asseoir : il faut que tu sois impie ou que tu retombes jusqu'à nous.

Dieu te punit, Lélia, d'avoir convoité sa puissance et sa majesté. Il t'inflige l'isolement pour châtier la témérité de tes ambitions. Il agrandit de jour en jour le cercle de ta solitude pour te rappeler ton origine et ta mission. Il t'avait envoyée pour bénir et pour aimer; il avait répandu sur tes blanches épaules les tresses parfumées de tes cheveux pour essuyer nos larmes; il avait surveillé d'un œil jaloux la fraîcheur veloutée de tes lèvres qui devaient sourire, l'humide éclat de tes yeux qui devaient réfléchir le ciel et nous le montrer. Tous ces dons précieux que tu as détournés de leur usage, il t'en demande compte aujourd'hui. Qu'as tu fait de ta beauté? Crois-tu donc que le Créateur t'ait choisie entre toutes les femmes pour pratiquer la moquerie et le dédain, pour railler les amours sincères, pour nier les serments, pour refuser les promesses, pour désespérer la jeunesse crédule et confiante?

Tu me l'as dit souvent, et je le crois : il y a dans ton âme des mystères que je ne puis pénétrer, des replis obscurs que mon œil ne peut sonder. Mais du jour où tu m'aimeras, Lélia, je te saurai tout entière, car tu ne l'ignores pas, et, si jeune que je sois dans la vie, j'ai le droit de l'affirmer, l'amour comme la religion révèle et illumine bien des voies cachées que la raison ne soupçonne pas. Du jour où nos deux âmes s'uniraient dans une sainte communion, Dieu nous montrerait l'un à l'autre; je lirais dans ta conscience aussi clairement que dans la mienne, je te prendrais par la main, et je redescendrais avec toi dans tes jours évanouis; je compterais les épines qui t'ont blessée, j'apercevrais sous tes cicatrices le sang qui a ruisselé, et je les presserais de mes lèvres comme s'il coulait encore.

Gardez votre amitié pour Trenmor, votre amitié lui suffit; car il est fort, il est purifié par l'expiation, il marche d'un pas ferme et sait le but de son pèlerinage. Mais moi, je n'ai pas la volonté qui fait la grandeur et l'énergie du rôle viril, je n'ai pas l'égoïsme invulnérable qui soumet à ses desseins les passions qui le gênent, les intérêts qui l'embarrassent, les destinées jalouses qui encombrent sa route. Je n'ai jamais nourri au fond du cœur que des désirs élevés, mais irréalisables. Je me suis complu dans le spectacle des grandes choses, et j'ai souhaité que leur société intime et familière ne manquât jamais à mes rêveries. J'ai vécu dans l'admiration des caractères supérieurs, et j'ai senti frémir au-dedans de moi-même le besoin impérieux de les imiter et de les suivre. Mais errant sans relâche de désir en désir, mes solitaires méditations, mes prières ferventes, n'ont jamais obtenu du Dieu qui m'a créé la force d'accomplir ce que j'avais convoité, ce que j'avais couvé sous l'aile de mes rêves.

C'est pourquoi, ô Lélia! je ne puis douter sans impiété, je ne puis nier sans blasphème, que Dieu ne vous ait créée pour éclairer ma route, qu'il ne vous ait choisie parmi ses anges de prédilection pour me conduire au terme marqué d'avance dans ses décrets éternels.

Je remets entre vos mains, non pas le soin entier de ma destinée, car vous avez la vôtre à réaliser, et c'est pour vos forces un assez lourd fardeau; mais ce que je vous demande, ô Lélia! c'est de me laisser vous obéir, c'est de souffrir que ma vie se modèle sur la vôtre, c'est de permettre à mes journées de s'emplir de travail ou de repos, de mouvement ou d'étude, au gré de vos desseins qui, je le sais, ne seront jamais de frivoles caprices.

A ces humbles prières que vous aviez devinées cent fois dans mes regards, vous avez répondu par la raillerie et la déception. C'est à vous que je ralliais mes dernières espérance, c'est en vous que je m'étais réfugié. Si vous me manquez, ô Lélia! que deviendrai-je?

## XXXIX

Peut-être, Sténio, que j'ai eu tort envers vous; mais ce tort n'est pas celui que vous me reprochez, et celui dont vous m'accusez, je n'en suis pas coupable. Je ne vous ai pas trompé, je n'ai pas voulu me jouer de vous; j'ai eu peut-être quelques instants de mépris, quelques bouffées de colère à cause de vous et à côté de vous, mais c'était contre la nature humaine, non pas contre vous, pur enfant, que j'étais irritée.

Ce n'est point pour vous humilier, encore moins pour vous décourager de la vie, que je vous ai jeté dans les bras de Pulchérie. Je n'ai même pas cherché à vous donner une leçon. Quel triomphe pourrais-je goûter à l'emporter par ma froide raison sur votre candeur inexpérimentée ! Vous souffriez, vous aspiriez à la réalisation fatale de votre avenir ; j'ai voulu vous satisfaire, vous délivrer des tourments d'une attente vague et d'une ignorante inquiétude. Maintenant est-ce ma faute si, dans votre imagination riche et féconde, vous aviez attribué à ces choses plus de valeur qu'elles n'en ont? Est-ce ma faute si votre âme, comme la mienne, comme celle de tous les hommes, possède des facultés immenses pour le désir, et si vos sens sont bornés pour la joie? Suis-je responsable de l'impuissance misérable de l'amour physique à calmer et à guérir l'ardeur cuisante et fantasque de vos rêves?

Je ne puis ni vous hair ni vous mépriser pour avoir subi à mes pieds le délire des sens. Il ne dépendait pas de votre âme de dépouiller le cadre grossier où Dieu l'a exilée. Et vous étiez trop jeune, trop ignorant pour discerner les vrais besoins de cette âme poétique et sainte des aspirations menteuses de la matière. Vous avez pris pour un besoin du cœur ce qui n'était qu'une fièvre du cerveau. Vous avez confondu le plaisir avec le bonheur. Nous faisons tous de même avant de connaître la vie, avant de savoir qu'il n'est pas donné à l'homme de réaliser l'un par l'autre.

Cette leçon, ce n'est pas moi, c'est la destinée qui vous la donne. Pour moi, dont le cœur maternel était glorieux de votre amour, j'ai dû me refuser à l'humiliante complaisance de vous la donner; et si dans les bras d'une femme vous deviez rencontrer votre première déception, j'ai eu le droit de vous remettre aux bras de celle qui voulait vous la fournir.

Mais d'ailleurs, quelle profanation ai-je donc commise en vous livrant aux caresses d'une femme belle et jeune, qui en vous prenant s'est donnée à vous sans dégradation, sans marché? Pulchérie n'est point une courtisane vulgaire. Ses passions ne sont pas feintes, son âme n'est pas sordide. Elle s'inquiète peu des engagements imaginaires d'un amour durable. Elle n'adore qu'un dieu et ne sacrifie qu'à lui. Ce dieu, c'est le plaisir. Mais elle a su le revêtir de poésie, d'une chasteté cynique et courageuse. Vos sens appelaient le plaisir qu'elle vous a donné. Pourquoi mépriser Pulchérie, parce qu'elle vous a satisfait?

A mesure que je vis, je ne puis me refuser à reconnaître que les idées adoptées par la jeunesse sur l'exclusive ardeur de l'amour, sur la possession absolue qu'il réclame, sur les droits éternels qu'il revendique, sont fausses ou tout au moins funestes. Toutes les théories devraient être admises, et j'accorderais celle de la fidélité conjugale aux âmes d'exception. La majorité a d'autres besoins, d'autres puissances. A ceux-ci la liberté réciproque, la mutuelle tolérance, l'abjuration de tout égoïsme jaloux. A ceux-là de mystiques ardeurs, des feux longtemps couvés dans le silence, une longue et voluptueuse réserve. A d'autres enfin, le calme des anges, la chasteté fraternelle, une éternelle virginité. Toutes les âmes sont-elles semblables? Tous les hommes ont-ils les mêmes facultés? Les uns ne sont-ils pas nés pour l'austérité de la foi religieuse, les autres pour les langueurs de la volupté, d'autres pour les travaux et les luttes de la passion, d'autres enfin pour les rêveries vagues de la poésie? Rien n'est plus arbitraire que le sens du *véri-*

*table amour.* Tous les amours sont vrais, qu'ils soient fougueux ou paisibles, sensuels ou ascétiques, durables ou passagers, qu'ils mènent les hommes au suicide ou au plaisir. Les amours *de tête* conduisent à d'aussi grandes actions que les amours *de cœur.* Ils ont autant de violence, autant d'empire, sinon autant de durée. L'amour des sens peut être ennobli et sanctifié par la lutte et le sacrifice. Combien de vierges voilées ont à leur insu obéi à l'impulsion de la nature en baisant les pieds du Christ, en répandant de chaudes larmes sur les mains de marbre de leur céleste époux! Croyez-moi, Sténio, cette déification de l'égoïsme qui possède et qui garde, cette loi de mariage moral dans l'amour, est aussi folle, aussi impuissante à contenir les volontés, aussi dérisoire devant Dieu, que celle du mariage social l'est maintenant aux yeux des hommes.

N'essayez donc pas de me changer : cela n'est pas en mon pouvoir, et le vôtre échouerait misérablement dans cette tentative. Si je suis la seule femme que vous puissiez aimer, soyez mon enfant, restez dans ma vie, j'y consens. Je ne vous manquerai pas, si vous ne me forcez pas à m'éloigner dans la crainte de vous être nuisible. Vous le voyez, Sténio, votre sort est dans vos mains. Contentez-vous de ma tendresse épurée, de mes platoniques embrassements. J'ai essayé de vous aimer comme une amante, comme une femme... Mais quoi! le rôle de la femme se borne-t-il aux emportements de l'amour? Les hommes sont-ils justes quand ils accusent celle qui répond mal à leurs transports de déroger aux attributs de son sexe? Ne comptent-ils pour rien les intelligentes sollicitudes des sœurs, les sublimes dévouements des mères? Oh! si j'avais eu un jeune frère, je l'aurais guidé dans la vie, j'aurais tâché de lui épargner ses douleurs, de le préserver des dangers. Si j'avais eu des enfants, je les aurais nourris de mon sein; je les aurais portés dans mes bras, dans mon âme; je me serais pour eux soumise sans effort à tous les maux de la vie : je le sens bien, j'aurais été une mère courageuse, passionnée, infatigable. Soyez donc mon frère et mon fils, et que la pensée d'un hymen quelconque vous semble incestueuse et fantasque. Chassez-la comme on chasse ces rêves monstrueux qui nous troublent la nuit, et que nous repoussons sans effort et sans regret au réveil. Et puis, il est temps que je vous le dise, Sténio, l'amour ne peut pas être l'affaire de votre vie. Vous tenteriez en vain de vous isoler et de trouver le bonheur dans la possession exclusive d'un être de votre choix. Le cœur de l'homme ne peut vivre de lui-même, il faut qu'il se nourrisse d'aliments plus variés. Hélas! je vous parle un langage que je n'ai jamais voulu entendre, mais que vous me parleriez bientôt, si je voulais vous faire partager l'erreur de ma jeunesse. J'ai hésité jusqu'ici à vous entretenir de vos devoirs. Pendant si longtemps, je me suis persuadée que l'amour était le plus sacré de tous!... Mais je sais que je me suis trompée, et qu'il y en a d'autres. Du moins, à défaut de cet idéal, il y en a un autre pour les hommes... J'ose à peine vous en parler. Vous me le demandez pourtant ; vous voulez que je vous éclaire, que je vous guide, que je vous fasse grand ! Eh bien ! je n'ai qu'un moyen de répondre à votre attente : c'est de vous remettre entre les mains d'un homme réellement vertueux ; et vous pouvez m'en croire, moi, sceptique ! D'ailleurs, le seul nom de cet homme vous convaincra. Vous m'avez souvent parlé avec enthousiasme de Valmarina, vous m'avez pressée de questions auxquelles je n'ai pas voulu répondre. Dans vos jours de tristesse et de découragement, vous vouliez l'aller joindre et vous associer à ses mystérieux travaux. J'ai toujours éludé vos prières. Il me semblait que le moment n'était pas venu, mais aujourd'hui, je crois que vous n'aurez plus pour moi le genre d'amour exalté qui vous eût rendu incapable d'une ferme résolution. Allez trouver cet apôtre d'une foi sublime. Je suis plus liée à son sort et plus initiée à ses secrets que je n'ai voulu vous l'avouer. Un mot de ma bouche vous affranchira de toutes les épreuves qu'il vous faudrait subir pour arriver à son intimité. Ce mot est déjà prononcé. Valmarina vous attend.

Puisque je renonce à l'espoir de vous rendre heureux selon votre espoir, puisque vous n'avez pas trouvé dans l'enivrement du plaisir une distraction à vos souffrances, jetez-vous dans les bras d'un père et d'un ami. Lui seul peut vous donner la force et vous enseigner les vertus auxquelles vous aspirez. Ma tendresse veillera sur vous et grandira avec vos mérites.

Acceptez ce contrat. Mettez avec confiance votre main dans les nôtres. Appuyez-vous avec calme sur nos épaules prêtes à vous soutenir. Mais ne vous faites plus illusion, n'espérez plus me rajeunir au point de m'ôter le discernement et la raison. Ne brisez pas le lien qui fait votre force; ne renversez pas l'appui que vous invoquez. Appelez, si vous voulez, du nom d'amour l'affection que nous avons l'un pour l'autre; mais que ce soit l'amour qu'on connaît au séjour des anges, là où les âmes seules brûlent du feu des saints désirs.

# XL

Eh bien! soyez maudite, car je suis maudit! et c'est vous dont la froide haleine a flétri ma jeunesse dans sa fleur. Vous avez raison, et je vous entends fort bien, madame; vous avouez que j'ai besoin de vous, mais vous déclarez que vous n'avez pas besoin de moi. De quoi puis-je me plaindre? Ne sais-je pas bien que cela est sans réplique? Vous aimez mieux rester dans le calme où vous prétendez être, que descendre à partager mes ardeurs, mes tourments, mes orages. Vous avez beaucoup de sagesse et de logique en vérité, et, loin de discuter avec vous, je fais silence et vous admire.

Mais je puis vous haïr, Lélia, c'est un droit que vous m'avez donné et dont je prétends bien user. Vous m'avez fait assez de mal pour que je vous consacre une éternelle et profonde inimitié; car, sans avoir eu aucun tort réel envers moi, vous avez trouvé le moyen de m'être funeste et de m'ôter le droit de m'en plaindre. Votre froideur vous a placé, vis-à-vis de moi, dans une position inattaquable, tandis que ma jeunesse et mon exaltation me livraient à vous sans défense. Vous n'avez pas daigné avoir pitié de moi, cela est simple; pourquoi en serait-il autrement? Quelle sympathie pouvait exister entre nous? Par quels travaux, par quelles grandes actions, par quelle supériorité vous avais-je méritée? Vous ne me deviez rien, et vous m'avez accordé cette facile compassion qui fait qu'on détourne la tête en passant auprès d'un homme saignant et blessé. N'était-ce pas déjà beaucoup? N'était-ce pas du moins assez pour prouver votre sensibilité?

Oh oui! vous êtes une bonne sœur, une tendre mère, Lélia! Vous me jetez aux bras des courtisanes avec un désintéressement admirable, vous brisez mon espérance, vous détruisez mon illusion avec une sévérité vraiment bien majestueuse; vous m'annoncez qu'il n'est point de bonheur pur, point de chastes plaisirs sur la terre, et, pour me le prouver, vous me repoussez de votre sein qui semblait m'accueillir et me promettre les joies du ciel, pour m'envoyer dormir sur un sein encore chaud des baisers de toute une ville. Dieu a été sage, Lélia, de ne point vous donner d'enfant; mais il a été injuste envers moi, en me donnant une mère telle que vous!

Je vous remercie, Lélia. Mais la leçon est assez

forte, il ne m'en faut pas une de plus pour atteindre à la sagesse. Me voici éclairé, me voici désabusé de toutes choses; me voici vieux et plein d'expérience. Au ciel sont toutes les joies, tous les amours. A la bonne heure. Mais, en attendant, acceptons la vie avec toutes ses nécessités, la jeunesse fébrile, le désir fougueux, le besoin brutal, le vice effronté, paisible, philosophique. Faisons deux parts de notre être : l'une pour la religion, pour l'amitié, pour la poésie, pour la sagesse; l'autre pour la débauche et l'impureté. Sortons du temple, allons oublier Dieu sur le lit de Messaline. Parfumons nos fronts et vautrons-nous dans la fange. Aspirons, dans le même jour, à l'immaculation des anges et résignons-nous à la grossièreté des animaux. Mais moi, madame, je l'entends mieux que vous, je vais plus loin : j'adopte toutes les conséquences de votre précepte. Incapable de partager ainsi ma vie entre le ciel et l'enfer, trop médiocre, trop incomplet pour passer de la prière à l'orgie, de la lumière aux ténèbres, je renonce aux joies pures, aux extases divines, je m'abandonne au caprice de mes sens, aux ardeurs de mon sang embrasé. Vivent la Zinzolina et celles qui lui ressemblent! Vivent les plaisirs faciles, les ivresses qu'il n'est besoin de conquérir ni par l'étude, ni par la méditation, ni par la prière! Vraiment oui, ce serait folie que de mépriser les facultés de la matière. N'ai-je pas goûté dans les bras de votre sœur un bonheur aussi réel que si j'avais été dans les vôtres? Ai-je reconnu mon erreur? M'en suis-je seulement douté un instant? Par le ciel, non! Rien ne m'a retenu au bord de ma chute; aucun secret pressentiment ne m'a averti du perfide échange que vous faisiez en riant sous mes yeux aveuglés. Les grossières émanations d'une folle joie m'ont enivré autant que les suaves parfums de ma maîtresse. Dans ma brutale ardeur, je n'ai pas distingué Pulchérie de Lélia! J'étais égaré, j'étais ivre, j'ai cru presser contre ma poitrine le rêve de mes nuits ardentes, et, loin d'être glacé par le contact d'une femme inconnue, je me suis abreuvé d'amour; j'ai béni le ciel, j'ai accepté la plus méprisante substitution avec des transports, avec des sanglots; j'ai possédé Lélia dans mon âme, et ma bouche a dévoré Pulchérie, sans méfiance, sans dégoût, sans soupçon.

Brava! madame, vous avez réussi, vous m'avez convaincu. Le plaisir des sens peut exister isolé de tous les plaisirs du cœur, de toutes les satisfactions de l'esprit. Pour vous, l'âme peut vivre sans l'aide des sens. C'est que vous êtes une nature éthérée et sublime. Mais moi, je suis un vil mortel, une misérable brute. Je ne puis rester près d'une femme aimée, toucher sa main, respirer son haleine, recevoir au front ses baisers, sans que ma poitrine se gonfle, sans que ma vue se trouble, sans que mon esprit s'égare et succombe. Il faut donc que j'échappe à ces dangers, que je me soustraie à ces souffrances. Il faut aussi que je me préserve des mépris de celle que j'aime d'un amour indigne et révoltant. Adieu, madame, je vous fuis pour jamais. Vous ne rougirez plus d'inspirer les ardeurs dont j'étais consumé à vos pieds.

Mais comme mon âme n'est pas dépravée, comme je ne puis porter, dans les bras des infâmes débauchées que vous me donnez pour amantes, un cœur rempli d'un saint amour, comme je ne puis allier le souvenir des voluptés célestes au sentiment des terrestres voluptés, je veux désormais éteindre mon imagination, abjurer mon âme, fermer mon sein aux nobles désirs. Je veux descendre au niveau de la vie que vous m'avez faite et vivre de réalités, comme jusqu'ici j'ai vécu de fictions. Je suis homme maintenant, n'est-ce pas? J'ai la science du bien et du mal. Je puis marcher seul. Je n'ai plus rien à apprendre. Restez dans votre repos, j'ai perdu le mien.

Hélas! il est donc vrai? J'étais donc un puéril insensé, un misérable fou quand je croyais aux promesses du ciel, quand je m'imaginais que l'homme était aussi bien organisé que les herbes des champs, que son existence pouvait se doubler, se compléter, se confondre avec une autre existence et s'absorber dans les étreintes d'un transport sacré! Je le croyais! Je savais que ces mystères s'accomplissaient à la chaleur du soleil, sous l'œil de Dieu, dans le calice des fleurs, et je me disais : « L'amour de l'homme pur pour la femme pure est aussi suave, aussi légitime, aussi ardent que ceux-là. » Je ne me souvenais plus des lois, des usages et des mœurs qui dénaturent l'emploi des facultés humaines et détruisent l'ordre de l'univers. Insensible aux ambitions qui tourmentent les hommes, je me réfugiais dans l'amour, sans songer que la société avait aussi passé par là, et qu'il ne restait pas d'autre ressource aux âmes ardentes que de s'user et de s'éteindre par le mépris d'elles-mêmes au sein de joies factices et d'arides plaisirs.

Mais à qui la faute? N'est-ce pas à Dieu avant tout? Il ne m'était jamais arrivé d'accuser Dieu, et c'est vous, Lélia, qui m'avez appris à m'épouvanter de ses arrêts, à lui reprocher ses rigueurs. Voilà qu'aujourd'hui cette confiante superstition qui m'éblouissait se dissipe. Ce nuage d'or qui me cachait la Divinité s'évanouit. Descendu dans les profondeurs de moi-même, j'ai appris ma faiblesse, j'ai rougi de ma stupidité, j'ai pleuré de rage en voyant la puissance de la matière et l'impuissance de cette âme dont j'étais si fier, dont je croyais le règne si assuré. Voilà que je sais qui je suis, et que je demande à mon maître pourquoi il m'a fait ainsi, pourquoi cette intelligence avide, pourquoi cette imagination orgueilleuse et délicate sont à la merci des plus grossiers désirs? pourquoi les sens peuvent imposer silence à la pensée, étouffer l'instinct du cœur, le discernement de l'esprit?

O honte! honte et douleur! Je croyais que les baisers de cette femme me trouveraient aussi froid que le marbre. Je croyais que mon cœur se soulèverait de dégoût en l'approchant, et j'ai été heureux auprès d'elle, et mon âme s'est dilatée en possédant ce corps sans âme!

C'est moi qui suis méprisable, et c'est Dieu que je

hais, et vous aussi, vous, le plhare et l'étoile qui m'avez fait connaître l'horreur de ces abîmes, non pour m'en préserver, mais pour m'y précipiter; vous, Lélia, qui pouviez me fermer les yeux, m'épargner ces hideuses vérités, me donner un plaisir dont je n'aurais pas rougi, un bonheur que je n'aurais pas maudit et détesté! Oui, je vous hais comme mon ennemi, comme l'instrument de ma perte! Vous pouviez au moins prolonger mon erreur et m'arrêter encore quelques jours aux portes de l'éternelle douleur, et vous ne l'avez pas voulu! Et vous m'avez poussé dans le vice sans daigner m'avertir, sans écrire à l'entrée : « Laissez l'espérance aux portes de cet enfer, vous qui voulez en franchir le seuil, en affronter les terreurs! » J'ai tout vu, tout bravé. Je suis aussi savant, aussi sage, aussi malheureux que vous. Je n'ai plus besoin de guide. Je sais de quels biens je puis faire usage, à quelles ambitions il me faut renoncer; je sais quelles ressources peuvent repousser l'ennui qui dévore la vie. J'en userai puisqu'il le faut. Adieu donc! Tu m'as bien instruit, bien éclairé, je te dois la science; maudite sois-tu, Lélia!

# QUATRIÈME PARTIE.

## XLI

Ce que je vous avais prédit vous arrive : vous ne pouvez pas aimer, et vous ne savez pas vous passer d'amour. Qu'allez-vous faire maintenant? Vous allez mériter tous les reproches que, dans l'amertume de son cœur, le jeune Sténio vous adresse. Vous allez boire les larmes brûlantes des enfants dans la coupe glacée de l'orgueil. Lélia, je ne suis pas de ceux qui vous flattent je suis peut-être le seul ami véritable que vous ayez. Eh bien! mon estime pour vous diminue depuis quelque temps. Je ne vous vois pas trouver l'issue de ce dédale où votre grandeur vous avait poussée, mais où cette grandeur même ne devait pas vous permettre d'errer aussi longtemps. Je sais toute la peine que vous avez à vivre, je connais toutes les misères attachées à ces vigueurs exceptionnelles, je sais la lutte terrible qu'une intelligence élevée doit soutenir contre les éléments contraires qu'elle engendre de son propre fonds, je sais enfin que là où les volontés sont sublimes, les révoltes sont obstinées. Mais il y a des limites au combat, il y a un terme à l'irrésolution. Une âme comme la vôtre peut se tromper longtemps sur elle-même, et dans un excès d'orgueil prendre ses vices pour des instincts nobles. Un jour doit se lever, où la lumière se fasse en elle et pénètre jusque dans ses replis les plus sombres. Jours rares, mais décisifs, tels que le vulgaire n'en saisit jamais que de pâles reflets aussitôt effacés que perçus, tels que les forts esprits en saluent la splendeur deux ou trois fois au plus dans le cours de leur vie, et en reçoivent une forme nouvelle et durable.

Ces magnifiques réactions de la volonté, ces transformations presque miraculeuses de l'être, vous les connaissez bien, Lélia; Dieu vous avait donné la force, l'éducation vous donna l'orgueil. Un jour vous voulûtes aimer, et, malgré les révoltes de l'orgueil, malgré les souffrances de la force, vous aimâtes, vous vous fîtes femme; vous ne fûtes point heureuse, vous ne deviez pas l'être; mais votre malheur même dut vous grandir à vos propres yeux.

Quand cet amour fut arrivé à son apogée de dévouement et de douleur, vous comprîtes la nécessité de le briser pour recouvrer la puissance de vos volontés, comme vous aviez compris celle de le subir pour accomplir la destinée humaine. Le second jour de votre force vous éclaira pour sortir de l'abîme où le premier vous avait aidée à descendre.

Alors il s'est agi de prendre une direction dans la vie, de fuir à jamais l'abîme, et c'était l'œuvre du troisième jour. Ce jour est encore derrière votre horizon; qu'il y monte donc enfin! Que cette irrésolution cesse, que votre sentier se dessine, et qu'au lieu de tourner sans cesse autour d'un précipice vainement exploré, vos pas se dirigent vers les hauteurs que vous êtes faite pour habiter.

Ne me demandez plus de grâce; mon austère amitié ne vous en fera plus, et je vous condamnerai sans pitié désormais, car dans ma raison vous êtes jugée. L'épreuve a duré assez longtemps, le moment d'en sortir triomphante est venu. Si vous tombez, Lélia, je ne vous traiterai pas comme on dit que les anges déchus furent traités; car je ne suis pas Dieu, et rien ne doit rompre le lien de l'amitié entre deux créatures humaines qui se sont juré secours et assistance. L'affection véritable doit prendre toutes les formes; sa voix entonnera tantôt l'hymne triomphal de la résurrection, tantôt la plainte expiatoire des morts : choisissez. Voulez-vous que j'étende sur vous le voile du deuil et que je verse des larmes amères sur votre dégradation, au lieu de vous couronner d'étoiles immortelles et de m'agenouiller devant votre gloire? Vous aviez mon admiration, voulez-vous de ma pitié?

Non, non, rompez ces liens qui vous attachent au monde. Vous dites que vous n'y êtes plus qu'un spectre; vous mentez : il y a encore, dans le cœur fermé aux passions violentes, la fibre des petites passions que la mort seule peut détendre. Vous êtes vaine, Lélia, ne vous y trompez pas ; votre orgueil vous défend de vous soumettre à l'amour, il devrait vous défendre en même temps d'accepter l'amour d'autrui : alors ce serait un orgueil dont on pourrait vous féliciter ou vous plaindre, mais jamais vous blâmer. Ce plaisir que vous vous donnez d'inspirer l'amour et d'en suivre le ravage dans le cœur des hommes, c'est une satisfaction puérile et coupable de votre amour-propre : faites-la cesser, ou vous en serez punie.

Car, si la justice providentielle est mystérieuse dans ses voies générales, il y a des justices célestes qui s'accomplissent secrètement de Dieu à l'homme, et qui sont inévitables, quelque soin que l'homme prenne de les cacher. Si vous prenez trop de plaisir aux hommages, si vous laissez le poison de la flatterie *entrer dans votre cœur par l'oreille*, il vous arrivera bientôt de sacrifier à la satisfaction de ce besoin nouveau plus de votre force que vous ne pensez. Vous vous ferez une nécessité de la société d'hommes médiocres. Vous voudrez voir à vos pieds ceux-là peut-être avec lesquels vous sympathiserez le moins, mais sur lesquels vous voudrez voir l'effet de votre puissance. Vous vous habituerez à l'ennui d'un règne stupide, et cet ennui deviendra votre amusement unique. Vous ne serez plus l'amie de personne, mais la maîtresse de tout le monde !

Oui, la *maîtresse !* que ce mot brutal tombe sur votre conscience de tout son poids ! Il y a une sorte de galanterie platonique qui peut satisfaire une femme vulgaire, mais qu'un caractère aussi sérieux que le vôtre doit mépriser profondément, car c'est la prostitution de l'intelligence. Si vous aviez avec l'humanité un lien de chair et de sang, si vous aviez un époux, un amant; si surtout vous étiez mère, vous pourriez voir se former autour de vous de nombreuses affections, parce que vous tiendriez par mille endroits à la vie de tous; mais, dans cette solitude que vous vous êtes faite et dont il est trop tard pour sortir, vous serez toujours pour les hommes un objet de curiosité, de méfiance, de haine stupide ou de désirs insensés. Ce vain bruit qui se fait autour de vous a dû bien vous lasser! S'il commence à vous plaire, c'est que vous commencez à déchoir, c'est que vous n'êtes déjà plus vous-même, c'est que Dieu, qui vous avait marquée du sceau d'une fatalité sublime, voyant que vous voulez quitter l'âpre sentier de la solitude où son esprit vous attendait, se retire de vous et vous abandonne aux mesquins passe-temps du monde.

C'est là le châtiment invisible dont je vous parlais, Lélia; c'est cette malédiction, insensible d'abord, qui s'étend peu à peu sur nos années comme un voile funèbre; c'est la nuée dont Moïse enveloppa l'Égypte rebelle à Dieu. Vous souffrez encore, Lélia; vous sentez encore cet esprit de Dieu qui vous tire en haut. Vous vous compariez l'autre jour à cet homme baigné de sueur froide qui, dans la grande scène de Michel-Ange, s'attache avec désespoir à l'ange chargé de le disputer au démon. Vous êtes restée une heure à contempler, immobile et sombre, cette lutte gigantesque que vous aviez vue déjà cent fois, mais qui vous présente aujourd'hui un sens plus sympathique. Prenez garde que le bon ange ne se lasse, prenez garde que le mauvais ne se cramponne à vos pieds débiles : c'est à vous de décider lequel des deux vous aura.

# XLII

LÉLIA AU ROCHER.

Ainsi parlait Valmarina en marchant lentement avec Lélia dans un sentier des montagnes. Ils étaient sortis à minuit de la ville, et ils s'étaient enfoncés dans les gorges désertes, sous la clarté pleine et douce de la lune. Ils allaient sans but, et pourtant ils marchaient vite. Le voyageur avait peine à suivre cette grande femme pâle qui semblait plus pâle et plus grande cette nuit-là qu'à l'ordinaire. C'était une de ces courses agitées qui ne déplacent que l'imagination, qui n'emportent que l'esprit, et où le corps semble n'avoir point de part, tant on est distrait de toute fatigue physique; une de ces nuits où l'œil ne s'élève pas vers la voûte éthérée pour y suivre la marche harmonieuse de la constellation, mais où le regard de l'âme descend et pénètre dans les abîmes du souvenir et de la conscience; une de ces heures qui durent toute une vie, et où l'on ne se sent exister que dans l'avenir et le passé.

Lélia levait pourtant vers le ciel un front plus audacieux que de coutume, mais elle ne voyait pas le ciel. Le vent soufflait dans ses cheveux et en rejetait à chaque instant le voile sombre sur son visage sans qu'elle s'en aperçût. Si Sténio l'eût vue en cet instant pour la première fois, il eût surpris l'agitation de son sein et l'inquiétude de son geste. Une sueur froide baignait ses épaules nues, et son sourcil mobile s'abaissait et se joignait sous son front, dont un nuage semblait avoir obscurci la blancheur immaculée. De temps en temps elle s'arrêtait, croisait les bras sur sa poitrine ardente, et toisait son compagnon d'un regard sombre : on eût dit que la colère céleste allait éclater en elle.

Cependant, quand il s'interrompait, effrayé de l'effet de ses remontrances et craignant d'outre-passer le but, elle retrouvait, comme par magie, toute sa sérénité hautaine; et souriant de la timidité affectueuse de son ami, elle lui faisait signe de continuer son discours et sa marche.

Quand il eut fini de parler, elle attendit encore longtemps qu'il ajoutât quelque chose, puis elle s'assit sur une roche escarpée à un des sommets de la montagne, et leva convulsivement ses grands bras roidis par le désespoir vers les impassibles étoiles.

—Vous souffrez! lui dit son ami avec tristesse; je vous ai fait du mal.

— Oui, répondit-elle en laissant retomber ses bras de marbre sur ses genoux, vous avez fait du mal à mon orgueil, et je m'écrierais volontiers avec les héros de Calderon : O mon honneur, vous êtes malade !

— Vous savez que ces maladies de l'orgueil se traitent par des moyens violents? dit Valmarina.

— Je le sais! dit-elle en étendant la main pour lui commander le silence.

Puis elle monta sur la crête du rocher, et debout sur ce piédestal immense, dessinant sa haute taille aux reflets de la lune, elle se prit à rire d'un rire affreux, et Valmarina lui-même eut peur d'elle.

—Pourquoi riez-vous? lui dit-il d'un ton sévère, est-ce que l'esprit du mal l'emporte? Il me semble que je viens de voir votre bon ange s'envoler au bruit de ce rire amer et discordant.

— Il n'y a pas de mauvais ange ici, dit Lélia, et, quant à mon bon ange, je me le serai à moi-même. Lélia saura sauver Lélia. Celui qui s'envole épouvanté par ce rire d'anathème et d'adieu, c'est l'esprit tentateur, c'est le fantôme qui avait revêtu une face d'ange, c'est celui que ma raillerie méprisante salue là-bas; c'est Sténio, le poëte sacré, qui soupe cette nuit chez les filles de joie.

Valmarina, abaissant ses regards vers les lointains horizons de la vallée, aperçut les lumières pâlissantes de la ville et le palais de la courtisane Pulchérie qui flamboyait de tout l'éclat d'une orgie nocturne.

En reportant son attention sur Lélia, il la vit assise et baignée de larmes.

—Malheureuse femme! lui dit-il, la jalousie vient d'entrer dans ton cœur.

— Dites plutôt, homme insensé, qu'elle vient d'en sortir, répondit-elle; je pleure une illusion et non pas un homme. Sténio n'a jamais existé! c'était une création de ma pensée. Oh! qu'elle était belle! Il faut que je sois un grand artiste, un habile ouvrier, pour avoir produit cette figure céleste! Raphaël et Michel-Ange, fondus l'un dans l'autre, n'eussent jamais rien fait d'aussi beau que ce qui était là.

Et Lélia passa la main sur ce grand pli qui traversait son front dans ses heures d'extrême souffrance.

— J'ai beau l'y chercher maintenant, dit-elle, elle n'y est plus qu'une ombre pâlissante prête à rentrer dans la nuit du néant. Le vent de la mort a brisé ce lis de l'Éden. Le souffle de Pulchérie a tué mon Sténio. Il y a là-bas un spectre effaré qui hurle dans une taverne; comment l'appelle-t-on maintenant.

O mon poëte! je t'ensevelirai dans un tombeau digne de toi, dans un tombeau plus froid que le marbre, plus impénétrable que l'airain, plus caché que le diamant dans la pierre. Je t'ensevelirai dans mon cœur!

Et toi, spectre! lève ton bras chancelant. Porte à ta lèvre souillée la coupe d'onyx de la bacchante! Bois par défi à la santé de Lélia! raille l'orgueilleuse insensée qui méprise les lèvres charmantes et la chevelure parfumée d'un si beau jeune homme. Va, Sténio! ce corps ne sera bientôt plus qu'une outre propre à contenir les cinquante-sept espèces de vins de l'Archipel. Déjà c'est une amphore vide, un fragile albâtre où le sang du cœur ne circule plus, où le feu de l'âme s'est éteint, et qui va tomber en éclats parmi des débris d'hommes et des coupes brisées sous la table de Pulchérie.

Merci, ô mon Sténio ! tu m'as sauvée. Tu m'as empêchée de répandre la fange des passions vulgaires sur cette neige impolluée, sur cette glace éclatante où Dieu m'avait ensevelie. Grâce à toi, je ne suis pas sortie de mon palais de cristal. Quand tu m'as vue me risquer sur le seuil, tu t'es envolé en souriant vers les cieux, ô mon doux songe ! en jetant à l'impureté une robe souillée qu'elle couvre de baisers infâmes, et qu'elle croit être Sténio !

—Calmez ce délire, dit Valmarina en tâchant d'arracher Lélia à ce rocher qui semblait être pour elle le trépied de la pythonisse, et où il craignait que sa raison ne s'égarât entièrement.

— Laisse donc, laisse ! homme de petite patience et de lentes transactions ! s'écria-t-elle en le repoussant. Pour toi, la force est l'œuvre de toute une vie, n'est-ce pas ? Apprends que pour Lélia c'est l'œuvre d'une seule nuit. Va ! ne crains rien de mon délire ; quand je descendrai de ce rocher, la ménade que tu vois sera la plus chaste et la plus calme des vestales. Laisse-moi dire adieu à un monde qui s'écroule, à un soleil qui s'efface. L'esprit de l'homme est une image abrégée, mais fidèle et complète de l'infini. Quand un de ses foyers de vie s'éteint, il s'en rallume un autre plus brillant; c'est que ce principe appartient à Dieu seul. Lélia n'est pas foudroyée parce qu'un homme l'a maudite. Il lui reste son propre cœur, et ce cœur renferme le sentiment de la Divinité, l'intuition et l'amour de la perfection! Depuis quand perd-on la vue du soleil parce qu'un des atomes que son rayon avait embrasés est rentré dans l'ombre?

Elle s'assit et redevint muette et immobile comme une statue. Le travail intérieur n'était pas plus visible en elle que le mouvement d'une montre au travers du métal qui le cache. Valmarina la contempla longtemps avec admiration et respect. Il n'y avait en elle, à ce moment-là, rien d'humain, rien de sympathique. Elle était belle et froide comme la force. Elle ressemblait à ces grands lions de marbre blanc du Pyrée, qui, à force de regarder les flots, semblaient avoir acquis la puissance de les dompter.

— Vous dites qu'en entrant dans le boudoir de ma sœur, et qu'en y voyant mon buste, il a jeté sa coupe pleine de vin sur ce pauvre visage de marbre? Vous dites qu'il a allumé le punch avec ma dernière lettre.

Lélia fit ces questions avec calme, et voulut savoir les détails de cette colère du jeune homme, dont Valmarina avait été témoin quelques heures auparavant.

— Je m'attachais à vous raconter ces choses, lui répondit-il, lorsque je croyais qu'elles ne serviraient qu'à allumer votre colère, et à vous rendre la fermeté dont vous avez trop longtemps manqué. Mais les larmes que je vous ai vue répandre tout à l'heure me font craindre de vous avoir blessée plus profondément que je ne voulais.

— Ne craignez rien, dit-elle, il y a trois jours que je ne l'aime plus. C'est sur lui que j'ai pleuré et non pas sur moi. Ne croyez pas que son vain dépit et ses folles insultes me touchent. Ce n'est pas là que je me sens outragée : c'est dans le pavillon d'Aphrodise; il y a maintenant quatre nuits que l'outrage a été consommé; c'est lorsqu'il a pris la main d'une courtisane pour ma main, sa bouche pour ma bouche, et son sein pour mon sein; c'est lorsqu'il s'est écrié : « Qu'as-tu donc ce soir, ma bien-aimée? Je ne t'ai jamais vue ainsi. Tu m'enivres d'un bonheur dont je n'avais pas l'idée; ton haleine m'embrase. Reste ainsi, c'est d'à présent seulement que je t'aime; jusqu'ici je n'ai aimé qu'une ombre?

— Vouliez-vous qu'il eût le don de magie pour déjouer la tromperie cruelle à laquelle vous vous étiez prêtée?

— Prêtée! moi? Oh non! Dieu m'est témoin qu'en le suivant dans ces couloirs sombres où l'insensée l'entraînait, je ne pensais pas qu'il en serait ainsi. J'avais vu sa résistance, je croyais être témoin de sa victoire. Pensez-vous que j'allais là pour assister à leurs embrassements? Le ciel me soit témoin encore de ceci! Je l'aimais, hélas! oui, je l'aimais, cet enfant gracieux et doux! et j'avais résolu souvent de vaincre mes terreurs, et d'essayer avec lui un hymen sanctifié pas de nobles convenances. Celui-là, me disais-je,

11.

n'est-il pas mon frère, le rêveur, l'idéaliste, le poëte sacré qui pourrait ennoblir et déifier ma vie? Puis, je voulais encore tenter sa constance et la force de son cœur par quelques épreuves, par la crainte de me perdre, par l'absence ; et je ne prenais pas un plaisir cruel, comme vous l'avez dit, à le faire souffrir pour ma gloire. Je souffrais moi-même plus que lui de son attente et de son effroi. Mais je savais comme l'amour cesse en moi! Je me souvenais du jour où le dégoût et la honte avaient balayé mon premier amour de ma mémoire comme le vent balaye l'écume des flots. Je voyais, je croyais voir dans Sténio une passion si vraie, que mon indifférence devait briser sa vie; et je ne voulais pas faire naître en lui la plus légère espérance sans être sûre de ne pas la lui ravir le lendemain. Aussi, comme je l'examinais! Avec quelle amoureuse et maternelle sollicitude j'observais les instincts et les dispositions de ce disciple bien-aimé! Je voulais lui enseigner l'amour, folle que j'étais! Je voulais lui apprendre tout ce que je savais des ravissements et des délicatesses de la pensée, en retour de ce qu'il m'eût rappris des ardeurs du sang et des délires de la jeunesse... Oh! je fis bien de ne pas me presser et de donner attention au développement de cette plante si précieuse! Hélas! elle avait un ver dans le cœur, et le démon de l'impureté n'a eu qu'à souffler dessus pour qu'elle tombât dans la fange. Les voilà donc, ces êtres si délicatement organisés, ces maîtres *ès* arts de la volupté, ces prêtres de l'amour! Ils nous accusent d'être de froides statues, et eux, ils n'ont qu'un sens, celui qu'on ne peut pas nommer ! Ils disent que nos mains sont glacées; les leurs sont si épaisses, qu'elles ne distinguent pas la chevelure de leur maîtresse d'avec celle de la première femme qu'on leur présente ! Ils ouvrent tous leurs pores à la plus grossière méprise. Le plus mince voile, la plus belle nuit d'été, suffisent pour frapper leurs yeux comme leur esprit d'une cécité stupide; leur oreille s'abuse complaisamment et croit retrouver le son d'une voix chérie dans une voix inconnue... Il suffit qu'une femme quelconque baise leur bouche, pour qu'un nuage s'étende sur leur vue, pour qu'un bourdonnement s'élève dans leur oreille, pour qu'un trouble divin, pour qu'un désordre sublime les précipite avec délices dans un abîme de prostitution !

Ah ! laissez-moi rire de ces poëtes sans muse et sans Dieu, de ces fanfarons misérables qui comparent leurs sens aux subtiles émanations des fleurs, leurs embrassements aux magnifiques conjonctions des astres ! Encore mieux valent ces débauchés sincères qui nous disent tout de suite ce qui doit nous dégoûter d'eux !

— Ah ! Lélia ! dit Valmarina, toute cette indignation est de la jalousie, et la jalousie, c'est l'amour !

— Non pas pour moi, répondit-elle en passant de la colère brûlante au plus froid dédain. La jalousie tue l'amour du premier coup dans les âmes fières. Je n'entre pas en lutte avec des champions indignes de moi. J'ai souffert, j'en conviens, j'ai souffert horriblement pendant une heure. J'étais dans ce cabinet, j'étais presque entre eux. Je parlais alternativement avec ma sœur, et il ne s'apercevait pas de la différence de nos voix et de nos paroles. Il saisissait quelquefois ma main, et il la quittait aussitôt pour reprendre par instinct et machinalement cette main souillée qui lui semblait bien plus mienne. Ah! je le voyais, moi; d'où vient donc qu'il ne me voyait pas? Je l'ai vu presser Pulchérie sur son cœur, et je n'ai eu que le temps de fuir; ses soupirs étouffés, ses cris d'amour et de triomphe m'ont poursuivie jusque dans les jardins. Cela me faisait l'effet d'une agonie, et quand j'ai vu passer les gondoles, je me suis élancée dans la première venue pour quitter ce sol empoisonné qui venait de donner la mort à Sténio.

— Vous étiez bien pâle, Lélia, lorsque vous vîntes tomber près de moi dans la barque, et je crus que vous alliez mourir vous-même. Ah! malheureuse! consultez bien vos forces avant d'écouter votre colère.

— Je n'ai de colère que contre vous qui me comprenez si peu. Perdre un enfant qu'on a nourri de son lait et porté tout un an attaché à son sein, n'est pas plus cruel au cœur d'une mère que ne me l'a été le détachement soudain et terrible qui s'est opéré à ce moment entre Sténio et moi. Mais le jour se levait lorsque je me jetai mourante dans la gondole, et le disque du soleil était à peine sorti en entier de la mer, lorsque, debout à la proue, je chantais d'une voix éclatante cet air de *bravura* qu'on m'avait demandé. Tous les dilettanti qui se trouvaient là ont déclaré que je n'avais jamais chanté avec tant de puissance; et la puissance ne réside pas seulement dans le poumon, que je sache : elle prend, je crois, sa source un peu plus haut.

— Ah! tête de fer! vous vous briserez contre l'arc de triomphe que vous vous édifiez.

— Je ferai cet arc si beau et si vaste, qu'il y aura de la place pour Satan lui-même, s'il veut y passer. Trouvez-vous que j'aie montré depuis ces trois jours un instant de dépit à Pulchérie ou à Sténio? N'ai-je pas essayé de consoler celui-ci de sa honte, et d'ennoblir celle-là aux yeux du poëte? N'ai-je pas offert à l'enfant mon éternelle amitié, mes sollicitudes et ma direction maternelle?

— Et pourquoi êtes-vous agitée à cette heure? Parce qu'il a persisté à vous demander votre amour, et qu'irrité par votre refus, il est cette nuit, par dépit, par fureur, au milieu de l'ivresse et du désespoir, l'amant volontaire de Pulchérie!

— Non pas! Il se tromperait celui qui croirait entrer en lutte avec Lélia. On ne combat point avec les vents de la mer, avec les vagues de l'Océan, et mon orgueil est plus insaisissable à la volonté d'un homme que les flots et les tempêtes. Ce qui m'offense, c'est que vous m'engagiez à prendre ici un parti, comme si je pouvais hésiter, comme si, à la vue d'un cadavre, j'en étais à me demander si je dois le mettre en terre ou dans mon lit! Débarrassons-nous de tout cadavre, et vivons après.

— Et quelle sera cette vie?

— Ceci importe assez peu pour le moment. Laissez-moi le temps d'essuyer mes yeux, d'abaisser le linceul entre le mort et moi, et, pourvu que je l'aie oublié dans une heure, vous n'avez rien de plus à me demander. Tenez, Valmarina, voici les belles pléiades qui lancent leur courbe légère sur l'horizon : avant que la dernière d'entre elles ait disparu, il y aura bien du changement dans ce cœur déchiré, dans cette existence ébranlée. Vous vous inquiétiez de me voir dans une mauvaise voie; vous pensiez que je luttais contre de petites passions et de méchants instincts. Vous vous trompiez; j'allais vers un but, la foudre est tombée, elle a emporté le chemin et le but tout ensemble. Laissez-moi le temps de soulever quelques débris qui ont roulé jusque sur moi, et de m'écarter de ce chemin maudit.

— Il y a plus d'un chemin, mais il n'y a qu'un but pour vous, dit Valmarina; vous croyez que la solitude peut vous y conduire, mais méfiez-vous de la colère pour compagnon de voyage. Si le regret venait à vous atteindre un jour, quel que fût votre calme extérieur, quel que fût le triomphe de votre amour-propre, cet orgueil dont vous faites votre palladium, et que je respecte en vous parce que je l'ai vu être le mobile de vos meilleures actions, cet orgueil auquel vous sacrifiez tout, serait-il pleinement satisfait?

— Cela se passerait entre Dieu et moi. Lui seul serait témoin de ma souffrance, et mon orgueil s'arrête à lui...

— Dieu! Oui, sans doute; mais croyez-vous bien en lui, Lélia?

— Si j'y crois? Et ne voyez-vous pas que je ne puis rien aimer sur la terre? Expliquez-vous cela comme l'explique peut-être le chaste Sténio, à l'heure qu'il est, en commentant avec Zinzolina les causes de ma froideur? Ceux qui n'ont pas d'autre dieu que leur corps ne conçoivent pas d'autre cause d'abstinence qu'une impuissance physique. Qu'est-ce que l'exigence des facultés exquises, qu'est-ce que le besoin de l'idéale beauté, qu'est-ce que la soif d'un amour sublime aux yeux du vulgaire? Lorsque de passagères lueurs d'enthousiasme l'éclairent par hasard, ce n'est que l'effet d'une violente excitation des nerfs, d'une réaction toute mécanique des sens sur le cerveau. Toute créature, si médiocre qu'elle soit, peut inspirer ou ressentir ce délire d'un instant et le prendre pour l'amour. L'intelligence et l'aspiration du grand nombre ne vont pas au delà. L'être qui aspire à des joies toujours nobles, à des plaisirs toujours vivement et saintement sentis, à une continuelle association de l'amour moral à l'amour physique, est un ambitieux destiné à un bonheur immense ou à une éternelle douleur. Il n'y a pas de milieu pour ceux qui font un dieu de l'amour. Il leur faut le sanctuaire d'une affection immense comme la leur, pour célébrer leurs divins mystères; mais qu'ils n'espèrent jamais connaître le plaisir au lupanar. Or l'amour des hommes est devenu un lupanar jusque sous le toit conjugal. La plupart d'entre eux sont à une femme pure ce qu'une prostituée est à un jeune homme chaste. Le jeune homme a le droit de mépriser la prostituée, de la chasser de ses bras aussitôt qu'elle a satisfait à un besoin dont il rougit lui-même. D'où vient donc qu'on refuse aux femmes pures la faculté de sentir le dégoût, et le droit de le manifester aux hommes impurs qui les trompent? Plus vils cent fois que les courtisanes qui ne promettent que le plaisir, ne promettent-ils pas l'*amour*, ces hommes souillés? Or une femme fière ne peut connaître le plaisir sans l'amour; c'est pourquoi elle ne trouvera ni l'un ni l'autre dans les bras de la plupart des hommes. Quant à ceux-ci, il leur est bien moins facile de répondre à nos instincts nobles et d'alimenter nos généreux désirs, que de nous accuser de froideur. Ces âmes ascétiques, disent-ils, habitent toujours des êtres imparfaits. La dernière fille publique a plus de charme pour eux que la plus pure des vierges. La fille publique est la véritable épouse, la véritable amante des hommes de cette génération; elle est à leur hauteur. Prêtresse de la matière, elle a étouffé tout ce qu'il y avait dans la femme de divinement humain, pour y développer des instincts excessifs empruntés à la brute. Elle n'est ni orgueilleuse, ni importune; elle n'exige que ce que de tels hommes peuvent donner : de l'or! Ah! je te remercie, mon Dieu! Tu as voulu qu'un dernier voile tombât de devant mes yeux, et que ces vérités hideuses dont je voulais douter encore me fussent démontrées claires comme la lumière de ton soleil, par Sténio lui-même, par celui que j'appelais déjà mon amant, par celui que je croyais pur entre tous les enfants des hommes. Tu as permis qu'un profond abattement plongeât mon âme dans les ténèbres pendant quelque temps, et que la souffrance obscurcît mon entendement au point de me faire douter de l'éternelle vérité. Démence, mensonge, sagesse, sophisme, amour divin, négation impie, chasteté, désordre; tous les éléments d'erreur et de vérité, de grandeur et d'abjection, ont tournoyé et flotté confusément dans le chaos de mon imagination. Il y a eu, dans l'abîme de ma pensée, des orages terribles et des naufrages imminents! J'ai tout remis en question, j'ai failli essayer de tout, et je n'ai trouvé dans cet abandon de ma volonté, dans cette abdication de ma raison, que souffrance toujours plus vive, isolement toujours plus solennel. Alors j'ai tendu les bras vers toi dans mon angoisse, et tu m'as fait voir la corruption de la nature humaine dans ses causes et dans ses effets. Tu m'as fait savoir que nul homme (pas même Sténio) ne méritait cet amour dont le foyer était en moi. Tu m'as donné une forte leçon, tu as voulu que toute la douleur et toute l'humiliation qui remplissent la vie des femmes vulgaires me fussent révélées en un instant; que l'ongle impur de la jalousie me fît au cœur une légère blessure et en tirât quelques gouttes de mon sang comme un stygmate d'expiation et de châtiment. J'ai regretté un instant de ne pas être une courtisane, et, pour mon éternel enseignement, j'ai vu sous mes yeux une courtisane l'emporter sur moi au premier baiser. Merci, mon Dieu! de m'avoir humiliée à ce point; car en même temps j'ai vu que ce n'était pas là ma destinée! Non, non! mon plaisir et ma gloire ne sont pas là, et ce ne sont pas des plaintes, ce sont des bénédictions que je t'adresserai désormais. J'ai été ingrate, ô souveraine perfection! J'avais ton image dans le cœur, et j'ai cherché l'infini dans la créature. J'ai voulu te retirer mon culte pour le donner à des idoles de chair et de sang. J'ai cru qu'entre toi et moi il fallait un intermédiaire, un prêtre, et que ce prêtre serait l'homme. Je me suis trompée. Je ne puis avoir d'autre amant que toi; et tout ce qui se placerait entre nous, loin de m'unir à toi par le bonheur et la reconnaissance, m'en éloignerait par le dégoût et la déception. Ah! vous me demandez, Valmarina, si je crois en Dieu! Il faut bien que j'y croie, puisque je l'aime d'un amour insensé, puisque le feu de cette passion insatiable dévore ma poitrine, puisque je ne puis nier sa providence sans que mon sang se glace dans mes veines, et sans que ma vie se flétrisse comme un fruit atteint de la gelée. Il faut bien que je croie en lui, puisque je ne vis que d'amour, tout en n'aimant aucune créature faite à mon image; puisque je ne puis me résigner au commandement d'aucun autre pouvoir que le ciel. Et toi, Sténio, comment as-tu pu être assez aveugle pour songer à m'aimer? Comment as-tu osé tenter d'être le rival de Dieu, de remplir une vie qui n'est qu'une fureur, une extase, un embrassement, une querelle et un raccommodement d'amante jalouse et absolue de la Divinité? C'est à toi qu'il faut renvoyer l'épithète d'orgueilleux, car tu as voulu être Dieu toi-même; tu as espéré de moi les mêmes colères, les mêmes larmes, les mêmes imprécations, les mêmes désirs et les mêmes transports que j'ai pour lui ! Pauvre enfant ! tu m'as bien mal connue. Tu as été bien peu poëte, malgré tous tes vers. Tu as bien peu compris ce que c'est que l'idéal, puisque tu as cru qu'un souffle mortel pouvait en effacer l'image dans le miroir de mon âme !

— Tout ce que vous dites est palpitant et délirant d'orgueil, ô ma chère Lélia ! dit Valmarina avec un affectueux sourire, en lui tendant la main pour descendre du rocher ; mais j'aime à vous entendre parler comme vous faites, car je vous retrouve, et telle que je vous connais, rien de ce qui est en vous ne m'effraye. D'ailleurs, l'amitié vraie est l'acceptation complète et absolue d'un être par un autre ; j'aime donc vos défauts. Quand je m'inquiète, quand je vous interroge, c'est quand je vous vois sortir de votre voie, et faire les actions d'une autre personne. C'est alors que je ne vous reconnais plus, et que, vous voyant devenir timide, incertaine et douce comme les femmes qu'on aime et qu'on gouverne, je m'imagine que vous êtes perdue, que la plus folle et la meilleure créature de Dieu n'existe plus.

Lélia releva d'une main ses cheveux épars, et, tenant de l'autre celle de son ami, elle se dressa une dernière fois de toute sa hauteur sur le rocher.

— Orgueil ! s'écria-t-elle, sentiment et conscience de la force ! saint et digne levier de l'univers ! sois édifié sur des autels sans tache, sois enfermé dans des vases d'élection ! Triomphe, toi qui fais souffrir et régner! J'aime les pointes de ton cilice, ô armure des archanges! Si tu fais connaître à tes élus des supplices inouïs, si tu leur imposes des renoncements terribles, tu leur fais connaître aussi des joies puissantes! Tu leur fais remporter des victoires homériques. Si tu les conduis dans des thébaïdes sans issue, tu amènes les lions du désert à leurs pieds, et tu envoies à leurs nuits solitaires l'esprit de la vision pour lutter avec eux, pour leur faire exercer et connaître leur force, et pour les récompenser au matin par cet aveu sublime : Tu es vaincu, mais prosterne-toi sans honte, car je suis le seigneur!

Lélia renoua sa chevelure, et sautant au bas du rocher :

—Allons-nous-en, dit-elle, la dernière des pléiades est couchée, et je n'ai plus rien à faire ici; ma lutte est finie. L'esprit de Dieu a mis sa main sur moi comme il fit à Jacob pour lui ouvrir les yeux, et Jacob se prosterna. Tu peux me frapper désormais, ô Très-Haut! tu me trouveras à genoux!

—Et toi, roc orgueilleux, dit-elle en se retournant après l'avoir quitté, j'ai été clouée un instant à ton flanc comme Prométhée, mais je n'ai pas attendu qu'un vautour vînt m'y ronger le foie, et j'ai rompu tes anneaux de fer de la même main qui les avait rivés.

# XLIII

## LES CAMALDULES.

Lélia et Valmarina redescendirent la montagne par le versant opposé à celui qui conduisait à la ville. Lélia marchait la première, mais sans empressement et sans trouble.

— Ce n'est pas le chemin, lui dit son compagnon, en lui faisant observer qu'elle marchait vers le sud.

— C'est mon chemin à moi, répondit-elle, car c'est le chemin qui éloigne de Sténio. Retournez à la ville, si vous voulez; quant à moi je n'en repasserai jamais les portes.

Valmarina la suivit par complaisance, mais avec un sourire de doute.

— Je me méfie un peu de ces résolutions si soudaines et si absolues, lui dit-il; je ne crois pas aux partis extrêmes. Ils ne servent qu'à hâter les réactions.

— Toute résolution dont on diffère l'exécution est avortée, répondit Lélia. Quand il s'agit de vouloir, il faut de la réflexion ; quand il faut agir, il faut de l'audace et de la promptitude.

— Où allons-nous ? dit Valmarina.

— Nous fuyons le passé ! répondit Lélia avec une gaieté sombre.

Le jour se levait ; ils entrèrent dans une vallée couverte de riches forêts. Les plus belles eaux serpentaient en silence à l'ombre des myrtes et des figuiers. De vastes clairières, où paissaient des troupeaux demi-sauvages, entrecoupaient de lisières d'un vert tendre ces masses d'un ton vigoureux. Ce pays était riche et désert. On n'y voyait d'habitations que des métairies éparses cachées dans le feuillage. On y pouvait donc jouir à la fois de toutes les grâces, de tous les bienfaits de la nature féconde, et de toutes les grandeurs, de toute la poésie de la nature inculte.

A mi-côte de la colline, Lélia s'arrêta saisie d'admiration :

— Heureux, s'écria-t-elle, les pasteurs insouciants et rudes, qui dorment à l'ombre de ces bois silencieux, sans autre souci que le soin de leurs troupeaux, sans autre étude que le lever et le coucher des étoiles ! Plus heureux encore les poulains échevelés qui bondissent légèrement dans ces broussailles, et les chèvres farouches qui gravissent sans effort les roches escarpées ! Heureuses toutes les créatures qui jouissent de la vie sans fatigue et sans excès !

Comme ils tournaient un des angles du chemin,

Lélia aperçut dans le crépuscule une vaste ligne blanche sur le flanc de la montagne, qui ceignait la vallée d'un cirque majestueux et vaste.

— Qu'est-ce que cela? dit-elle à son ami. Est-ce une ligne d'architecture splendide, ou bien une muraille de craie comme il s'en trouve dans ces rochers? Est-ce une immense cascade, une carrière ou un palais?

— C'est un monastère de femmes, répondit Valmarina, c'est le couvent des Camaldules.

— On m'en a vanté la richesse et l'élégance, dit Lélia. Allons le visiter.

— Comme il vous plaira, répondit Valmarina : les hommes n'y entrent pas, mais je vous attendrai dans la cour.

Cette cour frappa Lélia de surprise et d'admiration : d'abord ce fut une longue galerie, dont la voûte de marbre blanc était soutenue par des colonnes corinthiennes d'un marbre rose veiné de bleu, séparées l'une de l'autre par un vase de malachite où l'aloès dressait ses grandes arêtes épineuses; et puis d'immenses cours qui se succédaient dans une profondeur vraiment *piranésique*, et que remplissaient, comme des tapis étendus, de riches parterres bigarrés des plus belles fleurs. La rosée dont toutes ces plantes étaient fraîchement inondées, semblait les revêtir encore d'une gaze d'argent. Au centre des ornements symétriques que ces parterres dessinaient sur le sol, des fontaines, jaillissant dans des bassins de jaspe, élevaient leurs jets transparents dans l'air bleu du matin, et le premier rayon du soleil, qui commençait à dépasser le sommet de l'édifice, tombant sur cette pluie fine et bondissante, couronnait chaque jet d'une aigrette de diamants. De superbes faisans de Chine, qui se dérangeaient à peine sous les pieds de Lélia, promenaient parmi les fleurs leurs panaches de filagramme et leurs flancs de velours. Le paon étalait sur les gazons sa robe de pierreries, et le canard musqué, au poitrail d'émeraude, poursuivait, dans les bassins, les mouches d'or qui tracent sur la surface de l'eau des cercles insaisissables.

Au cri moqueur ou plaintif de ces oiseaux captifs, à leurs allures mélancoliques et fières, se mêlaient les mille voix joyeuses et bruyantes, les mille familiarités curieuses des libres oiseaux du ciel. Le tarin espiègle et confiant venait se poser au front immobile des statues. Le moineau insolent et peureux allait dérober la pâture aux oiseaux domestiques et s'envolait épouvanté au moindre gloussement des couveuses; le chardonneret s'en prenait aux aigrettes des fleurs que le vent lui disputait. Les insectes s'éveillaient aussi et commençaient à bruire sous l'herbe échauffée et fumante aux premiers feux du jour. Les plus beaux papillons de la vallée arrivaient par troupes pour s'abreuver du suc de ces belles plantes exotiques, dont la saveur les enivrait tellement qu'ils se laissaient prendre à la main. Toutes les voix de l'air, tous les parfums du matin montaient au ciel comme un pur encens, comme un naïf cantique, pour remercier Dieu des bienfaits de la création et du travail de l'homme.

Mais parmi toutes ces existences animales et végétales, parmi ces œuvres de l'art et ces splendeurs de la richesse, l'homme seul manquait. Le râteau s'était recemment promené sur le sable de toutes les allées, comme pour effacer le souvenir des pas humains. Lélia eut une sorte de frayeur superstitieuse en y imprimant les siens. Il lui sembla qu'elle allait détruire l'harmonie de cette scène magique, et faire tomber sur elle les murailles enchantées de son rêve.

Car, dans la confusion de ses idées de poëte, elle ne voulait point croire à la réalité des choses qu'elle voyait. En apercevant de loin, derrière les colonnades transparentes du cloître, les profondeurs désertes de la vallée, elle s'imagina volontiers qu'au sein des bois elle s'était endormie sous l'arbre favori d'une fée, et qu'à son réveil la coquette reine des prestiges l'avait environnée des merveilles impalpables de son palais, pour la retenir en son pouvoir.

Comme elle se laissait mollement aller à cette fantaisie, enivrée des suaves odeurs du jasmin et du datura, contente d'être dans ces beaux lieux et s'y croyant presque reine, elle se rapprocha d'une haute et longue croisée, dont le vitrage colorié, étincelant au soleil, ressemblait au rideau de soie nuancé d'un harem. Elle s'était assise sur les marges d'un bassin rempli de poissons, et s'amusait à suivre, au travers de l'eau limpide, la truite qui porte une souple armure d'argent parsemée de rubis, et la tanche revêtue d'un or pâle nuancé de vert. Elle admirait la mollesse de leurs jeux, l'éclat de leurs yeux métalliques, l'agilité inconcevable de leur fuite peureuse lorsqu'elle dessinait son ombre mobile sur les eaux. Tout à coup des chants, tels que les anges doivent les faire entendre au pied du trône de Jéhovah, partirent du fond de l'édifice mystérieux et, se mêlant aux vibrations de l'orgue, emplirent toute l'enceinte du monastère. Tout sembla faire silence pour écouter, et Lélia, frappée d'admiration, s'agenouilla instinctivement comme aux jours de son enfance.

Des voix de femmes, pures et harmonieuses, montaient vers Dieu comme une prière fervente et pleine d'espoir; et des voix d'enfants, pénétrantes et argentines, répondaient à celles-ci comme les promesses lointaines du ciel exprimées par l'organe des anges.

Les religieuses disaient :

—Ange du Seigneur, étends sur nous tes ailes protectrices. Abrite-nous de ta bonté vigilante et de ta consolante pitié. Dieu t'a fait indulgent et doux entre toutes les vertus, entre toutes les puissances du ciel; car il t'a destiné à secourir, à consoler les âmes, à recueillir dans un vase sans souillure les larmes qui sont versées au pied du Christ, et à les présenter en expiation devant ta justice éternelle, ô Très-Saint!

Et les petites filles répondaient du haut de la nef sonore :

—Espérez dans le Seigneur, ô vous qui travaillez dans les larmes! car l'ange gardien étend ses grandes ailes d'or entre la faiblesse de l'homme et la colère du Seigneur. *Louez Dieu.*

Puis les vierges reprirent :

—O le plus jeune et le plus pur des anges! c'est

toi que Dieu créa le dernier, car il te créa après l'homme, et te mit dans le paradis pour être son compagnon et son ami. Mais le serpent vint et fut plus puissant que toi sur l'esprit de l'homme. L'ange de la colère descendit pour punir ; toi, tu suivis l'homme dans l'exil et tu pris soin des enfants qu'Ève mit au jour, ô Très-Saint !

Les enfants répondirent encore :

—Remerciez à genoux, vous tous qui aimez Dieu, remerciez l'ange gardien, car de son aile puissante il monte et redescend incessamment de la terre aux cieux, des cieux à la terre, pour porter d'en bas les prières, pour rapporter d'en haut les bienfaits. *Louez Dieu.*

La voix fraîche et pleine d'une jeune novice récita ce couplet :

—C'est toi qui d'une chaude haleine réchauffes, au matin, les plantes engourdies par le froid ; c'est toi qui couvres de ta robe virginale les moissons de l'homme menacées de la grêle ; c'est toi qui d'une main protectrice soutiens la cabane du pêcheur ébranlée par les vents de la mer ; c'est toi qui éveilles les mères endormies, et les appelant d'une voix douce, au milieu des rêves de la nuit, les avertis d'allaiter les enfants nouveau-nés ; c'est toi qui gardes la pudeur des vierges et poses à leur chevet le rameau d'oranger, invisible talisman qui détourne les mauvais pensers et les songes impurs ; c'est toi qui t'assieds au soleil du midi, dans le sillon où dort l'enfant du moissonneur, et qui détournes de leur chemin la couleuvre et le scorpion prêts à ramper sur son berceau ; c'est toi qui ouvres les feuillets du missel quand nous cherchons dans le texte sacré un remède à nos maux ; c'est toi qui nous fais rencontrer alors le verset qui convient à notre misère, et qui mets sous nos yeux les lignes saintes qui repoussent la tentation.

— Invoquez l'ange gardien, dirent les voix enfantines, car c'est le plus puissant parmi les anges du Seigneur. Le Seigneur, quand il l'envoya sur la terre, lui promit que chaque fois qu'il remonterait vers lui, il lui accorderait la grâce d'un pécheur. *Louez Dieu.*

Lélia, charmée de cette douce poésie et de ces voix mélodieuses, s'était avancée insensiblement jusque sur le seuil d'une porte latérale qu'elle trouva entr'ouverte. Arrêtée sur le pallier d'un escalier de mosaïque d'où l'œil plongeait dans la nef, elle voyait au-dessous d'elle les vierges prosternées. Saisie d'enthousiasme, elle étendit les bras et s'écria : « *Louez Dieu !* » d'un ton si passionné, que toute la communauté leva les yeux sur elle par un mouvement spontané. Sa haute taille, sa robe blanche, ses cheveux flottants, et le son grave de cette voix qu'on pouvait prendre pour celle d'un jeune homme, firent tant d'impression sur les nonnes exaltées et timides, qu'elles crurent voir apparaître l'ange gardien. Un seul cri s'éleva de toutes les stalles, les jeunes filles tombèrent le visage contre terre, et Lélia descendit lentement l'escalier pour aller s'agenouiller parmi elles. En même temps la lourde porte qu'elle avait franchie retomba entre elle et Valmarina.

Il l'attendit plusieurs heures avec patience, et la chaleur de midi se faisant sentir, il se retira sous la galerie dans un endroit frais et bien aéré, où il rêva et demeura pour son propre compte assez longtemps encore. Quand ces heures brûlantes commencèrent à faire place au vent de mer qui s'élève et augmente avec le déclin du soleil, il se décida à sonner à la grille du cloître intérieur et à faire demander Lélia par une tourière. Au bout de quelques instants, on lui rapporta de la part de l'étrangère (c'est ainsi qu'on la désigna) une fleur qui, dans la langue symbolique des *Salams*, signifiait *adieu*. Valmarina, qui avait enseigné la science de ces emblèmes orientaux à Lélia, comprit que c'était un adieu irrévocable, et reprit seul le chemin de la ville.

## XLIV

Vous savez quels liens mystérieux m'attachent à des luttes funestes et à de pâles espérances. Rappelé par mes frères d'infortune, je vais offrir un adversaire ou une victime de plus aux bourreaux et aux assassins de la vérité. Je pars peut-être pour ne plus revenir, et, puisque vous l'exigez, je ne vous verrai pas. Je vous avoue que je m'étonne un peu d'une retraite de votre part dans un couvent catholique. Je sais quel empire ces croyances ont exercé sur vos premières années; mais je ne saurais croire qu'elles puissent le ressaisir pour longtemps. Il faut pourtant qu'il s'agisse ici pour vous d'autre chose que d'un besoin momentané de solitude et de repos, car ni votre solitude ni votre repos n'ont coutume d'être interrompus et troublés par ma présence. Vous m'avez habitué à me regarder comme un autre vous-même, et d'ailleurs ce n'est point un adieu fraternel, une étreinte des mains à travers une grille, qui eussent pu vous distraire de vos rêveries et porter le bruit du monde dans votre méditation. Vous semblez vous être imposé cette retraite comme une pratique de dévotion, et cet effort pour vous rattacher à des idées devenues trop étroites pour vous me paraît assez triste. Il y a dans les déterminations puériles quelque chose de maladif qui atteste l'impuissance de l'âme. Plus vous vous efforcez de nier, par votre conduite, l'amour que vous avez pour Sténio, plus il me semble que cet amour malheureux s'obstine à vous tourmenter. Songez-y, ma sœur, il faut pourtant que cet amour se développe ou se brise. Les demi-sentiments ne conviennent qu'aux natures faibles. Les tentatives inutiles sont déplorables : elles usent nos forces en pure perte. Me laisserez-vous partir sous le poids de ces inquiétudes?

## XLV

Il est des situations heureusement bien rares où l'amitié ne peut rien pour nous. Quiconque ne peut être à soi-même son unique médecin ne mérite pas que Dieu lui donne la force de guérir. Il est possible que je souffre plus que vous ne pensez ; mais il est certain que je ne souffre pas lâchement, et qu'il n'y a rien de puéril ni de présomptueux dans la détermination que j'ai prise. Je veux simplement rester ici comme un malade dans un hospice, pour y suivre un régime nouveau. On se donne bien de la peine, et on s'impose bien des privations pour guérir le corps ; on peut bien, je pense, en faire autant pour guérir l'âme, lorsqu'elle est menacée de maladie mortelle. Il y a longtemps que je m'égare dans un dédale plein de bruits confus et d'ombres trompeuses. Il faut que je m'enferme dans une cellule, que je me cherche sous des ombrages mystérieux, jusqu'à ce que je me sois retrouvée ; et alors, dans un jour de puissance et de santé, je prendrai un parti. C'est alors que je vous consulterai avec la déférence qu'on doit à l'amitié ; c'est alors que vous pourrez juger ma situation et prononcer avec sagesse sur mon avenir. Aujourd'hui, votre sollicitude ne vous servirait qu'à m'égarer. Que pouvez-vous savoir de moi, puisque je n'en sais rien moi-même, sinon que j'ai la volonté de m'étudier et de me connaître ? Quand un nuage sombre traverse un jour pur, vous pouvez prévoir de quel côté éclatera l'orage ; mais, quand des vents contraires croisent les nuées dans les ténèbres, vous êtes forcé, pour vous diriger, d'attendre que le soleil se lève.

Il m'est cruel de ne pas vous serrer la main au moment où vous allez affronter des dangers que j'envie ; mais il me serait plus cruel encore de vous voir sans vous parler avec abandon ; je ne sais même pas si cela me serait possible, et j'ai la certitude que je sortirais brisée d'un entretien où votre prudence, peut-être trop éclairée, détruirait le faible espoir que j'ai conçu. Vous êtes un homme d'action, Valmarina, bien plus qu'un homme de délibération. Vous vous êtes fait à grands coups de hache un large chemin, et vous ne comprenez pas toujours les obstacles qui arrêtent les autres dans des sentiers inextricables. Vous avez un but dans la vie ; si j'étais homme, j'en aurais un aussi, et, quelque périlleux qu'il fût, j'y marcherais avec calme. Mais vous ne vous souvenez pas assez que je suis femme et que ma carrière est limitée à de certains termes infranchissables. Il fallait me contenter de ce qui fait l'orgueil et la joie des autres femmes ; je l'eusse fait si je n'avais pas eu le malheur d'avoir un esprit sérieux et d'aspirer à des affections que je n'ai pas trouvées. J'ai jugé trop sagement les hommes et les choses de mon temps : je n'ai pu m'y attacher. J'ai senti le besoin d'aimer, car mon cœur s'était développé en raison de mon esprit; mais ma raison et ma fierté m'ont défendu de céder à ce besoin. Il eût fallu rencontrer un homme d'exception qui m'acceptât pour son égale en même temps que pour sa compagne, pour son amie en même temps que pour son amante. Ce bonheur ne m'est point échu, et si j'y aspirais de nouveau, il faudrait le chercher. Chercher, en amour, veut dire essayer : vous savez que cela est impossible pour une femme qui ne veut pas courir la chance de s'avilir ; c'est déjà trop de deux amours malheureux dans sa vie. Quand le second n'a pas réparé les mécomptes du premier, il faut bien qu'elle sache renoncer à l'amour, il faut bien qu'elle sache trouver sa gloire et son repos dans l'abstinence. Or, l'abstinence lui sera difficile et douloureuse dans le monde. La société lui refuse les grandes occupations de l'esprit et l'exercice des passions politiques. L'éducation première, dont elle est victime, la rend presque toujours impropre aux travaux de la science, et le préjugé en outre lui rend toute action publique impossible ou ridicule. On lui permet de cultiver les arts; mais les émotions qu'ils excitent ne sont pas sans danger; l'austérité des mœurs est peut-être plus difficile à un caractère ascétique qu'à tout autre. L'amour, considéré sous ses rapports grossiers, n'est qu'une tentation dont on est à moitié délivré quand on rougit de l'éprouver; on peut le surmonter sans souffrance morale. L'amour, considéré comme l'idéal de la vie, ne laisse point de repos à ceux qui en sont privés. C'est l'âme qui est attaquée dans son plus divin sanctuaire par de nobles instincts, par de magnifiques désirs. Elle ne pourra chercher à les satisfaire qu'en se donnant le change, en se laissant abuser par de fausses apparences et de menteuses promesses; sous chacun de ses pas s'ouvrira un abîme. Lente à sortir du premier, attachée par sa nature même à de funestes illusions, elle retombera dans un second, dans un troisième, jusqu'à ce que, brisée dans ses chutes, épuisée par ses combats, elle succombe et s'anéantisse. Parmi les femmes corrompues, j'en ai vu peu qui le fussent par besoin des sens (à celles-là un époux jeune et stupide peut suffire); beaucoup, au contraire, avaient cédé à des besoins de cœur que l'esprit ne dirigeait pas et que la volonté ne savait pas vaincre. Si Pulchérie est devenue une courtisane, c'est qu'elle est ma sœur, c'est qu'elle a malgré elle ressenti l'influence du spiritualisme, c'est qu'elle a cherché un amant parmi les hommes avant d'avoir tous les hommes pour amants.

En réduisant les femmes à l'esclavage pour se les conserver chastes et fidèles, les hommes se sont étrangement trompés. Nulle vertu ne demande plus de force que la chasteté, et l'esclavage énerve. Les hommes le savent si bien, qu'ils ne croient à la force d'aucune femme. Je n'ai pu vivre parmi eux, vous le savez, sans être soupçonnée et calomniée de préférence à toute autre. Je ne pourrais me placer sous la protection de votre amitié fraternelle, sans que la calomnie dénaturât la nature de nos relations. Je suis lasse de lutter en public et de supporter les outrages à visage découvert. La pitié m'offenserait plus encore que l'aversion; c'est pourquoi je ne chercherai jamais à me faire connaître, et je boirai mon calice dans le secret de mes nuits mélancoliques. Il est temps que je me repose, et que je cherche Dieu dans ses mystiques sanctuaires, pour lui demander s'il n'a fait pour les femmes rien de plus que les hommes. J'ai déjà essayé la solitude, et j'ai été forcée d'y renoncer. Dans les ruines du monastère de ***, j'ai failli perdre la raison; dans le désert des montagnes, j'ai craint de perdre la sensibilité. Entre l'aliénation et l'idiotisme, j'ai dû chercher le tumulte et la distraction. La coupe où j'essayais de m'enivrer s'est brisée sur mes lèvres. Je crois que l'heure du désabusement et de la résignation est enfin venue. J'étais trop jeune pour rester au Monteverdor il y a quelques jours; aujourd'hui, je serais trop vieille pour y retourner. J'avais encore trop d'espérance : je n'en ai plus assez ; il faut que je trouve une solitude où rien du dehors ne parle plus à mon cœur, mais où le son de la voix humaine frappe de temps en temps mon oreille. L'homme peut s'affranchir des passions, mais il ne rompt pas impunément toute sympathie avec son semblable. La vie physique est un fardeau qu'il doit maintenir dans son équilibre, s'il veut conserver dans un équilibre égal les facultés de son intelligence. La solitude absolue détruit promptement la santé. Elle est contraire à la nature, car l'homme primitif est éminemment sociable, et les animaux intelligents ne subsistent que par l'association des besoins et des travaux qui les soulagent. Ainsi, en ne me croyant point propre à la retraite, je faisais injure à mon esprit; je ne comprenais pas que mon corps seul se révoltait contre les privations exagérées, contre les intempéries du climat, contre la diète exténuante, contre l'absence du spectacle de la vie extérieure. Le mouvement des êtres animés, l'échange de la parole, la seule audition de certains sons humains, la régularité et la communauté des habitudes les plus vulgaires, sont peut-être une nécessité pour la conservation de la vie animale, dans notre siècle surtout, au sortir des habitudes d'un bien-être et d'un mouvement excessifs.

La société chrétienne me paraît avoir admirablement compris ces nécessités en créant les communautés religieuses. Jésus, en transmettant les ardeurs du mysticisme à des imaginations ardentes sous des climats salubres, put envoyer les anachorètes au Liban. Ses pères, les Esséniens et les Thérapeutes, avaient peuplé les solitudes du monde. Le cénobitisme de nos générations, plus faible de chair et d'esprit, a été forcé de créer les couvents et de remplacer la société qu'il abandonnait par une société recrutée parmi les âmes d'exception. Ici même, le luxe et ses douceurs se sont introduits jusque dans le cloître. Il y aurait peut-être beaucoup à dire à cela, s'il s'agissait de juger la question au point de vue de la morale chrétienne. Pour moi qui ne suis qu'un transfuge échappé tout saignant à un monde ennemi, cherchant le premier abri venu pour y reposer ma tête faible, et endolorie comme je suis, je ne puis qu'être charmée de la beauté de cet asile où la tempête me jette. La transition du monde au couvent me paraît moins sensible à travers la magnificence de ces lambris. Les arts qu'on y cultive, les chants mélodieux qui les emplissent, les parfums qu'on y respire, tout, jusqu'au nombre imposant et au riche costume des religieuses, sert de spectacle à mes sens exaltés, et de distraction à mes lugubres ennuis. Je n'en demande pas davantage pour le présent, et, quant à l'avenir, je ne m'en explique pas encore avec moi-même. Chaque instant que je passe ici me fait pressentir une existence nouvelle.

Et cependant, si l'amant de Pulchérie réalisait les romanesques espérances qu'en d'autres jours nous avions conçues..... je vous l'ai promis, je reviendrais à lui, et mon amour pourrait effacer la tache de son égarement : mais comment espérez-vous qu'avec tant de penchant à la volupté, il soit véritablement sensible à la grande poésie à laquelle vous vouliez l'initier? Ne vous y trompez pas; les poëtes de profession ont le privilége de vanter tout ce qui est beau, sans que leur cœur en soit ému et sans que leur bras soit au service de la cause qu'ils exaltent. Vous savez bien qu'il a repoussé l'idée d'ennoblir sa vie en allant l'offrir à la cause que vous servez. Il n'ignore pas ce qui vous occupe : quelque saintement gardé que soit votre secret, il y a dans le cœur des hommes à cette heure, des inquiétudes, des besoins et des sympathies qui ne peuvent se défendre de vous deviner. Eh bien ! ces sympathies dont Sténio m'entretenait si souvent, ce n'était chez lui qu'une parole légère, une affectation de grandeur. Il me disait naguère que pour vous voir un instant, pour presser votre main, il sacrifierait son laurier de poëte ; et, quand j'ai voulu le pousser dans vos bras, il a préféré retourner à ceux de Pulchérie. Direz-vous que la douleur ferme momentanément l'âme aux émotions nobles, aux idées généreuses? Eh quoi ! l'âme d'un poëte se laisse ainsi abattre, et pourtant elle conserve toute sa puissance pour l'ivresse du plaisir! Honte à de telles souffrances !

Faites cependant pour lui ce que votre cœur vous dicte. Mais, si vous l'attirez dans vos rangs, souvenez-vous de ma volonté, Valmarina ; je ne veux pas être l'appât qui le fera sortir de son bourbier. Je ne veux pas que la promesse de mon amour serve à de si vils usages que de retirer du vice un être que l'honneur n'a pu sauver... Et quel mérite aurait son dévouement pour vous, si l'espoir de m'obtenir en était le seul motif? Qui sait, d'ailleurs, si maintenant ma conquête ne serait pas pour la vanité blessée de Sténio un acte de dépit, et s'il n'y porterait pas quelque sentiment de vengeance ? Pour redevenir digne de moi, il faut qu'il fasse plus que je n'aurais songé à lui demander avant sa faute. Il faut qu'il engendre de son propre fonds le désir et l'exécution des grandes choses. Alors je reconnaîtrai que je m'étais trompée et que je l'avais trop sévèrement jugé, qu'il méritait mieux... Et alors véritablement, il méritera que je le récompense...

Mais, croyez-moi, hélas ! j'ai des instincts profonds de divination. J'ai une pénétration qui a fait de tout temps mon supplice... On me croit sévère parce que je suis clairvoyante... on me croit injuste parce qu'un très-petit fait suffit pour m'éclairer.... Sténio est perdu, ou plutôt, comme je vous le disais, Sténio n'a jamais existé. C'est nous qui l'avions créé dans nos rêves. C'est un jeune homme éloquent.... rien de plus.

Je vous renouvelle la promesse de ne prendre aucune résolution irrévocable avant de lui avoir donné le temps de se faire réellement connaître de vous. Je sais que vous veillerez sur lui comme la Providence. N'oubliez pas que de votre côté vous m'avez promis qu'il ignorerait ma retraite, que tous l'ignoreraient. Je désire que le monde m'oublie ; je ne veux pas que Sténio vienne, dans un jour d'ivresse, troubler mon repos par quelque folle tentative.

Partez ! allez arroser encore d'un peu de sang pur ce laurier stérile qui croît sur la tombe des martyrs inconnus ! ne craignez pas que je vous plaigne ! Vous allez agir ; et moi, je vais imiter Alfieri, qui se faisait lier sur une chaise pour résister à la tentation de rejoindre l'objet d'une indigne passion. O vie de l'âme ! ô amour ! ô le plus sublime bienfait de Dieu ! il faut que je me fasse clouer aux piliers d'un cloître pour m'abstenir de toi comme d'un poison ! Malheur ! malheur à cette farouche moitié du genre humain, qui, pour s'approprier l'autre, ne lui a laissé que le choix de l'esclavage ou du suicide !

# CINQUIÈME PARTIE.

## XLVI

Un homme vêtu de noir entra un matin dans la ville et alla frapper au palais de la Zinzolina.

Les laquais lui dirent qu'il ne pouvait parler à la dame ; il insista. On tenta de le chasser ; il leva son bâton blanc d'un air impassible. Sa figure froide et son obstination firent peur à cette valetaille superstitieuse, qui le prit pour un spectre et se dispersa devant lui.

Un petit page entra tout effaré dans la salle où Zinzolina traitait ses convives.

— Un *abbatone*, un *abbataccio*, disait-il, venait d'entrer de force dans la maison, frappant de son bâton ferré les gens de la signora, les porcelaines du Japon, les statues d'albâtre, les pavés de mosaïque, faisant un affreux dégât et proférant de terribles malédictions.

Aussitôt tous les convives se levèrent (excepté un qui dormait), et voulurent courir au-devant de l'*abbate* pour le chasser. Mais la Zinzolina, au lieu de partager leur indignation, se renversa sur sa chaise en éclatant de rire; puis elle se leva à son tour, mais pour leur imposer silence, et leur enjoindre de se rasseoir.

— Place, place à l'abbé! dit-elle; j'aime les prêtres intolérants et colères : ce sont les plus damnables. Qu'on fasse entrer sa seigneurie apostolique, qu'on ouvre la porte à deux battants et qu'on apporte du vin de Chypre!

Le page obéit, et, quand la porte fut ouverte, on vit venir au fond de la galerie la majestueuse figure de Trenmor. Mais le seul convive qui eût pu le reconnaître et le présenter, dormait si profondément, que ces explosions de surprise, de colère et de gaieté ne l'avaient pas seulement fait tressaillir.

En voyant de plus près le prétendu ecclésiastique, les joyeux compagnons de la Zinzolina reconnurent que son vêtement étranger n'était pas celui d'un prêtre; mais la courtisane, persistant dans son erreur, lui dit en allant à sa rencontre et en se faisant aussi belle et aussi douce qu'une madone :

— Abbé, cardinal ou pape, sois le bienvenu et donne-moi un baiser.

Trenmor donna un baiser à la courtisane, mais d'un air si indifférent et avec des lèvres si froides, qu'elle recula de trois pas en s'écriant à moitié colère, à moitié épouvantée :

— Par les cheveux dorés de la Vierge! c'est le baiser d'un spectre.

Mais elle reprit bientôt son effronterie, et voyant que Trenmor promenait un sombre regard d'anxiété sur les convives, elle l'attira vers un siége placé auprès du sien.

— Allons, mon bel abbé, dit-elle en lui présentant sa coupe d'argent ciselée par Benvenuto et couronnée de roses à la manière des voluptueuses orgies de la Grèce, réchauffe tes lèvres engourdies avec ce lacrymachristi.

Et elle se signa d'un air hypocrite en prononçant le nom du Rédempteur.

— Dis-moi ce qui t'amène vers nous, ou plutôt ne me le dis pas, laisse-moi le deviner. Veux-tu qu'on te donne une robe de soie et qu'on parfume tes cheveux! Tu es le plus bel abbé que j'aie jamais vu. Mais pourquoi votre Miséricorde fronce-t-elle le sourcil sans me répondre?

— Je vous demande pardon, madame, répondit Trenmor, si je réponds mal à votre hospitalité; quoique je sois entré ici à pied, comme un colporteur, vous me recevez comme un prince. Je ne m'arroge point le droit de mépriser vos avances; mais je n'ai pas le temps de m'occuper de vous : ma visite a un autre objet, Pulchérie.

— Pulchérie! dit la Zinzolina en tressaillant. Qui êtes-vous, pour savoir le nom que ma mère m'a donné? De quel pays venez-vous?...

— Je viens du pays où est maintenant Lélia, répondit Trenmor en baissant la voix.

— Béni soit le nom de ma sœur! reprit la courtisane d'un air grave et recueilli. Puis elle ajouta d'un ton cavalier : Quoiqu'elle m'ait légué la dépouille mortelle de son amant.

— Que dites-vous? reprit Trenmor avec épouvante, avez-vous déjà épuisé tant de jeunesse et de séve? Avez-vous déjà donné la mort à cet enfant qui n'avait pas encore vécu?

— Si c'est de Sténio que vous parlez, répondit-elle, rassurez-vous, il est encore vivant.

— Il a bien encore un mois ou deux à vivre, ajouta un des convives en jetant un regard insouciant et vague sur le sopha où dormait un homme dont le visage était enfoncé dans les coussins.

Les yeux de Trenmor suivirent la même direction. Il vit un homme de la taille de Sténio, mais beaucoup plus fluet, et dont les membres grêles reposaient dans un affaissement qui annonçait moins l'ivresse que la fièvre. Sa chevelure fine et rare tombait en boucles déroulées sur un cou lisse et blanc comme celui d'une femme, mais dont les contours sans rondeurs trahissaient une virilité maladive et forcée.

— Est-ce donc là Sténio? dit Trenmor en attirant Pulchérie dans une embrasure de croisée et en fixant sur la courtisane un regard qui la fit involontairement pâlir et trembler. Un jour viendra peut-être, Pulchérie, où Dieu vous demandera compte du plus pur et du plus beau de ses ouvrages. Ne craignez-vous pas d'y songer?

— Est-ce donc ma faute si Sténio est déjà usé, quand nous tous qui sommes ici et qui menons la même vie, nous sommes jeunes et vigoureux? Pensez-vous qu'il n'ait pas d'autres maîtresses que moi? Croyez-vous qu'il ne s'enivre qu'à ma table? Et vous, monseigneur, car je vous connais à vos discours et sais maintenant qui vous êtes, n'avez-vous pas connu la vie joyeuse, et n'êtes-vous pas sorti des bras du plaisir riche de force et d'avenir? D'ailleurs, si quelque femme est coupable de sa perte, c'est Lélia, qui devait garder ce jeune poëte auprès d'elle. Dieu l'avait destiné à aimer religieusement une seule femme, à faire des sonnets pour elle, à rêver du fond d'une vie solitaire et paisible les orages des destinées plus actives. Nos orgies, nos ardentes voluptés, nos veilles bruyantes, il devait les voir de loin, dans le mirage de son génie, et les raconter dans ses poëmes, mais non pas y prendre part, mais non pas y jouer un rôle. En l'invitant au plaisir, est-ce que je lui ai conseillé de quitter tout le reste? Est-ce que j'ai dit à Lélia de le bannir et de l'abandonner? Ne savais-je pas bien que, dans la vie des hommes comme lui, l'ivresse des sens devait être un délassement et ne pouvait pas être une occupation?

— Venez-vous ici pour le chercher, pour l'enlever à nos fêtes, pour le ramener à une vie de réflexion et de repos? Aucun de nous ne s'y opposera. Moi qui l'aime encore, je serai reconnaissante si vous le sauvez de lui-même, si vous le rendez à Lélia et à Dieu.

— Elle a raison, s'écria un des compagnons de Pulchérie, qui avait saisi ses dernières paroles. Emmenez-le, emmenez-le! Sa présence nous attriste. Il n'est pas des nôtres, il a toujours été seul parmi nous, et en partageant nos joies il semblait les mépriser. Allons, Sténio, éveille-toi, rajuste ton vêtement, et laisse-nous.

Mais Sténio, sourd à leurs clameurs, restait immobile sous le poids de ces vœux insultants, et l'abrutissement de son sommeil le plaçait dans une situation dont Trenmor sentit la honte à sa place. Il s'approcha de lui pour le réveiller.

—Prenez garde à ce que vous allez faire, lui dit-on; Sténio a le réveil tragique, personne ne le touche impunément quand il dort. L'autre jour il a tué un chien qu'il aimait, parce qu'en sautant sur ses genoux le pauvre animal avait interrompu un rêve où Sténio se plaisait. Hier, comme il s'était assoupi les coudes sur la table, la Emerenciana ayant voulu lui donner un baiser, il lui brisa son verre sur la figure et lui fit une blessure dont la marque, je crois, ne s'effacera jamais. Quand ses valets ne l'éveillent pas à l'heure qu'il indique, il les chasse; mais, quand ils l'éveillent, il les bat. Prenez garde, en vérité; il tient son couteau de table, il serait capable de vous l'enfoncer dans la poitrine.

— O mon Dieu! pensa Trenmor, il est donc bien changé! Son sommeil était pur comme celui d'un enfant, et quand la main d'un ami l'éveillait, son premier regard était un sourire, sa première parole une bénédiction. Pauvre Sténio! quelles souffrances ont donc aigri ton âme, quelles fatigues ruiné ton corps, pour que je te retrouve ainsi?

Immobile et debout derrière le sopha, plongé dans de sombres réflexions, Trenmor regardait Sténio, dont la respiration courte et le rêve convulsif trahissaient les agitations intérieures. Tout à coup le jeune homme s'éveilla de lui-même et bondit en criant d'une voix rauque et sauvage. Mais en voyant la table et les convives qui le regardaient d'un air d'étonnement et de dédain, il se rassit sur le sopha, et, croisant ses bras, il promena sur eux son œil hébété, dont le vin et l'insomnie avaient altéré la forme et arrondi le contour.

— Eh bien! Jacob, lui cria par ironie le jeune Marino, as-tu terrassé l'esprit de Dieu?

— J'étais aux prises avec lui, répondit Sténio, dont le visage prit aussitôt une expression de causticité haineuse, plus étrangère encore à celle que Trenmor lui connaissait; mais maintenant j'ai affaire à un plus rude champion, puisque me voici en lutte avec l'esprit de Marino.

— Le meilleur esprit, répliqua Marino, est celui qui tient un homme au niveau de sa situation. Nous nous sommes rassemblés ici pour lutter, le verre à la main, de présence d'esprit, de gaieté soutenue, d'égalité de caractère. Les roses qui couronnent la coupe de Zinzolina ont été renouvelées trois fois depuis que nous sommes ici, et le front de notre belle hôtesse n'a pas encore fait un pli de mécontentement ou d'ennui, car la bonne humeur de ses convives ne s'est pas ralentie un instant. Un seul aurait troublé la fête, s'il n'était pas bien convenu que, triste ou gai, malade ou en santé, endormi ou debout, parmi les amis du plaisir, Sténio ne compte pas, car l'astre de Sténio s'est couché dès la première heure.

— Qu'avez-vous à reprocher à cet enfant? dit Pulchérie. Il est malade et chétif : il a dormi toute la nuit dans ce coin...

—Toute la nuit? dit Sténio en bâillant. Ne sommes-nous encore qu'au matin? J'espérais, en voyant les flambeaux allumés, que nous avions enterré le jour. Quoi! il n'y a que six heures que vous êtes réunis, et vous vous étonnez de n'être pas encore ennuyés les uns des autres? En effet, cela est merveilleux, vu le choix et l'assortiment de vos seigneuries. Pour moi, j'y tiendrais bien huit jours, mais à condition que j'y dormirais tout le temps.

— Et pourquoi n'allez-vous pas dormir ailleurs? dit Zamarelli. Feu l'excellent prince de Bambucci, qui mourut l'an passé plein de gloire et d'années, et qui fut certes le premier buveur de son siècle, aurait condamné à l'eau à perpétuité, ou tout au moins aux galères, l'ingrat qui se serait endormi à sa table. Il soutenait avec raison qu'un véritable épicurien doit réparer ses forces par une vie bien réglée, et qu'il y avait autant d'impiété à dormir devant les flacons qu'à boire seul et triste dans une alcôve. Quel mépris cet homme aurait eu pour toi, Sténio, s'il t'eût vu occupé à chercher le plaisir dans la fatigue, faisant tout à contre-mesure, veillant et composant des poëmes quand les autres dorment, tombant épuisé de lassitude à côté des coupes pleines et des femmes aux pieds nus !

Soit affectation, soit épuisement, Sténio ne sembla pas avoir entendu un mot du discours de Zamarelli ; seulement, au dernier mot, il souleva un peu sa tête appesantie, en disant :

— Et où sont-elles ?

— Elles ont été changer de toilette, afin de nous paraître au matin belles et rajeunies, répondit Antonio ; veux-tu que je te cède ma place tout à l'heure auprès de la Torquata ? Elle était venue ici sur ta demande ; mais comme, au lieu de lui parler, tu as dormi toute la nuit...

— Peu m'importe, tu as bien fait ! répondit Sténio insensible en apparence à tous ces sarcasmes ; d'ailleurs, je ne me soucie plus que de la maîtresse de Marino. Zinzolina, faites-la venir ici.

— Si tu avais fait une pareille demande avant minuit, dit Marino, j'aurais pu te faire avaler les morceaux de ton verre ; mais il est six heures, et ma maîtresse a passé tout ce temps ici. Prends-la donc maintenant si elle veut...

Zinzolina se pencha vers l'oreille de Sténio.

— La princesse Claudia, qui est malade d'amour pour toi, Sténio, sera ici dans une demi-heure. Elle entrera sans être vue dans le pavillon du jardin. Je l'ai entendu hier louer sa pudeur et sa beauté. Je savais son secret, j'ai voulu qu'elle fût heureuse et que Sténio fût le rival des rois.

— Bonne Zinzolina! dit Sténio avec affection. Puis reprenant son indolence : — Il est vrai que je l'ai trouvée belle, mais c'était hier... et puis il ne faut pas posséder ce qu'on admire, parce qu'on le souillerait et qu'on n'aurait plus rien à désirer.

— Vous pouvez aimer Claudia comme vous l'entendrez, reprit Zinzolina, vous mettre à genoux, baiser sa main, la comparer aux anges, et vous retirer l'âme remplie de cet amour idéal qui convenait jadis à la mélancolie de vos pensées.

— Non, ne me parlez plus d'elle, répondit Sténio avec impatience; faites-lui dire que je suis mort. Je sens que, dans la disposition où je suis, elle me déplairait, et je lui dirais qu'elle est bien effrontée d'oublier ainsi son rang et son honneur pour se livrer à un bachelier libertin. Page, prends ma bourse et va me chercher la bohémienne qui chantait hier matin sous ma fenêtre.

— Elle chante fort bien, répondit le page dans un calme respectueux, mais votre seigneurie ne l'a pas vue...

— Et que t'importe! dit Sténio en colère.

— C'est, Votre Excellence, qu'elle est affreuse, dit le page.

— Tant mieux, répondit Sténio.

— Noire comme la nuit, dit le page.

— En ce cas, je la veux tout de suite; obéis, ou je te jette par la fenêtre.

Le page obéit; mais à peine fut-il à la porte que Sténio le rappela.

— Non, je ne veux pas de femmes, dit-il; je veux de l'air, je veux du jour. Pourquoi sommes-nous enfermés ainsi dans les ténèbres quand le soleil monte dans les cieux? Cela ressemble à une malédiction.

— Êtes-vous encore endormi que vous ne voyez pas l'éclat des bougies? dit Antonio.

— Qu'on les éloigne et qu'on ouvre les persiennes, dit Sténio, dont le visage pâlissait. Pourquoi nous priver de l'air pur, du chant des oiseaux qui s'éveillent, du parfum des fleurs qui s'entr'ouvrent? Quel crime avons-nous commis pour perdre en plein jour la vue du ciel?

— Voici le poëte qui reparaît, dit Marino en levant les épaules. Ne savez-vous pas qu'on ne peut boire à la lumière du jour, à moins d'être un Allemand ou un cuistre? Un repas sans bougies est comme un bal sans femmes. Et d'ailleurs un convive qui sait vivre doit ignorer le cours des heures et ne pas s'inquiéter s'il fait jour ou nuit dans la rue, si les bourgeois se couchent ou si les cardinaux s'éveillent.

— Zinzolina, dit Sténio d'un ton d'insulte et de mépris, l'air qu'on respire ici est infect. Ce vin, ces viandes, ces liqueurs fumantes, tout cela ressemble à une taverne flamande. Donnez-moi de l'air, ou je renverse vos flambeaux, ou je brise les glaces de vos croisées.

— C'est vous qui sortirez d'ici et qui allez prendre

l'air dehors ! s'écrièrent les convives en se levant avec indignation.

— Eh ! ne voyez-vous pas qu'il en est incapable ! dit la Zinzolina en courant à Sténio qui tombait évanoui sur le sofa.

Trenmor l'aida à le secourir, les autres se rassirent.

— Quelle pitié, se disaient-ils, de voir la Zinzolina, la plus folle des filles, éprise de ce poëte phthisique, et prendre au sérieux toutes ses affectations !

— Reviens à toi, mon enfant, disait Pulchérie, respire ces essences, penche-toi sur la croisée. Ne sens-tu pas l'air qui arrive à ton front et qui agite tes cheveux ?

— Je sens tes mains qui m'échauffent et m'irritent, répondit Sténio, ôte-les de mon visage. Retire-toi, tu sens le musc, tu sens par trop la courtisane. Fais-moi donner du rhum, je me sens en disposition de m'enivrer.

— Sténio, vous êtes fou et cruel, reprit la Zinzolina avec une grande douceur. Voici un de vos meilleurs amis, qui depuis une heure est près de vous ; ne le reconnaissez-vous pas ?

— Mon excellent ami, dit Sténio, daignez donc vous baisser, car vous me semblez si grand qu'il faudra que je me lève pour vous voir, et il n'est pas sûr que votre visage en vaille la peine.

— Laquelle avez-vous perdue, dit Trenmor sans se courber, de la vue ou de la mémoire ?

Sténio fit un geste de surprise en reconnaissant cette voix, et se retournant brusquement :

— Ce n'est donc pas un rêve cette fois? dit-il. Comment puis-je distinguer la réalité de l'illusion quand ma vie se passe à dormir ou à divaguer? Tout à l'heure je rêvais que vous étiez ici, que vous chantiez les vers les plus bouffons, les plus graveleux... Cela m'étonnait; mais, après tout, n'ai-je pas étonné de même ceux qui m'ont connu jadis? Et puis il m'a semblé que je m'éveillais, que je me querellais et que vous étiez encore là. Du moins, je croyais voir votre ombre flotter sur la muraille, et je ne savais plus si j'étais endormi ou éveillé. A présent, dites-moi, êtes-vous bien Trenmor, ou êtes-vous comme moi une ombre vaine, un songe effacé, le fantôme et le nom de ce qui fut un homme?

— Du moins, je ne suis pas le fantôme d'un ami, répondit Trenmor, et, si je n'hésite point à vous reconnaître, je ne mérite pas d'être méconnu de vous.

Sténio essaya de lui serrer la main et de lui sourire tristement; mais ses traits avaient perdu leur mobilité naïve, et jusque dans l'expression de sa reconnaissance il y avait désormais quelque chose de hautain et de préoccupé. Ses yeux, dépourvus de cils, n'avaient plus cette lenteur voilée qui sied si bien à la jeunesse. Son regard vous arrivait droit au visage, brusque, fixe et presque arrogant. Puis le jeune homme, craignant de s'abandonner au souvenir des anciens jours, se leva, entraîna Trenmor vers la table, et avec un singulier mélange de honte intérieure et de vanité audacieuse il le défia de boire autant que lui.

— Eh quoi ! dit la Zinzolina d'un ton de reproche, vous allez encore hâter le terme de votre vie ? Tout à l'heure vous étiez mourant, et vous allez dévorer ce qui vous reste de jeunesse et de force avec ces boissons embrasées. O Sténio ! partez, partez avec Trenmor ! Ne rendez pas votre guérison impossible...

— Partir avec Trenmor ! dit Sténio ; et où irais-je avec lui ? Pouvons-nous habiter les mêmes lieux ? Ne suis-je pas banni de la montagne d'Horeb, où Dieu se révèle ? N'ai-je pas quarante ans à passer dans le désert pour que mes neveux voient un jour la terre de Chanaan ?

Sténio serra son verre d'une main convulsive. Un voile noir sembla s'abaisser sur sa figure. Puis elle s'anima soudain de cette rougeur fébrile qui se répand en nuances inégales sur les visages altérés par la débauche et qui diffère essentiellement de la coloration fine et bien mêlée de la jeunesse.

— Non, non, dit-il, je ne partirai pas sans que Trenmor ait refait connaissance avec son ami. Si le jeune homme confiant et crédule n'existe plus, il faut qu'il voie au moins le buveur intrépide, le voluptueux élégant qui est sorti des cendres de Sténio. Zinzolina, faites remplir toutes les coupes. Je bois aux mânes de don Juan, mon patron ; je bois à la jeunesse de Trenmor ! Mais non, ce n'est pas assez, qu'on remplisse ma coupe d'épices dévorantes, qu'on y verse le poivre qui altère, le gingembre qui ronge les entrailles, la cannelle qui précipite la circulation du sang. Allons, page effronté, prépare-moi ce mélange détestable pour qu'il me brûle la langue et m'exalte le cerveau. J'en boirai, dût-on me tenir de force pour me le faire avaler, car je veux devenir fou et me sentir jeune, ne fût-ce qu'une heure, et mourir après. Vous verrez, Trenmor, comme je suis beau dans l'ivresse, comme la divine poésie descend en moi, comme le feu du ciel embrase ma pensée alors que le feu de la fièvre circule dans mes veines. Allons, le vase fumant est sur la table. A vous tous, débiles buveurs, pâles débauchés, je porte ce défi ! Vous m'avez raillé, voyons maintenant lequel de vous osera me tenir tête ?

— Qui donc nous délivrera de ce fanfaron sans moustache ? dit Antonio à Zamarelli. N'avons-nous point assez supporté l'insolence de ses manières ?

— Laissez-le faire, répondit Zamarelli, il travaille lui-même à nous débarrasser bientôt de sa personne.

Un instant après avoir avalé le vin épicé, Sténio fut saisi d'atroces douleurs ; des marbrures d'un rouge ardent se dessinèrent sur sa peau flétrie. La sueur coula de son front, et ses yeux prirent un éclat presque féroce.

— Tu souffres, Sténio ? lui cria Marino avec l'expression du triomphe.

— Non, répondit Sténio.

— En ce cas, chante-nous quelques-unes de tes rimes avinées.

—Sténio, vous ne pouvez pas chanter, dit Pulchérie, n'essayez pas.

— Je chanterai, dit Sténio, ai-je donc perdu la voix ? Ne suis-je plus celui que vous applaudissiez avec enthousiasme et dont les accents vous jetaient dans une ivresse plus douce que celle du vin?

—.Il est vrai, dirent les buveurs; chante, Sténio, chante!

Et ils se serrèrent autour de la table, car nul d'entre eux ne pouvait contester à Sténio le don de l'inspiration, et tous se sentaient entraînés et dominés de lui, lorsqu'il retrouvait une lueur de poésie au se de l'énervement où l'avait jeté le désordre.

Il chanta ainsi d'une voix altérée, mais vibrante et accentuée.

> Que le chypre embrasé circule dans mes veines!
> Effaçons de mon cœur les espérances vaines,
>   Et jusqu'au souvenir
> Des jours évanouis, dont l'importune image,
> Comme au fond d'un lac pur un ténébreux nuage,
>   Troublerait l'avenir!

> Oublions, oublions ! La suprême sagesse
> Est d'ignorer les jours épargnés par l'ivresse,
>   Et de ne pas savoir
> Si la veille était sobre, ou si de nos années
> Les plus belles déjà disparaissent, fanées
>   Avant l'heure du soir.

—Ta voix s'affaiblit, Sténio! s'écria Marino du bout de la table. Tu sembles chercher tes vers et les tirer avec effort du fond de ton cerveau. Je me souviens du temps où tu improvisais douze strophes sans nous faire languir. Mais tu baisses, Sténio. Ta maîtresse et ta muse sont également lasses de toi.

Sténio ne lui répondit que par un regard de mépris; puis, frappant sur la table, il reprit d'une voix plus assurée :

> Qu'on m'apporte un flacon, que ma coupe remplie
> Déborde, et que ma lèvre, en plongeant dans la lie
>     De ce flot radieux,
> S'altère, se dessèche et redemande encore
> Une chaleur nouvelle à ce vin qui dévore,
>     Et qui m'égale aux Dieux.
>
> Sur mes yeux éblouis qu'un voile épais descende!
> Que ce flambeau confus pâlisse! et que j'entende,
>     Au milieu de la nuit,
> Le choc retentissant de vos coupes heurtées,
> Comme sur l'Océan les vagues agitées
>     Par le vent qui s'enfuit!
>
> Si mon regard se lève au milieu de l'orgie,
> Si ma lèvre tremblante et d'écume rougie
>     Va cherchant un baiser,
> Que mes désirs ardents sur les épaules nues
> De ces femmes d'amour, pour mes plaisirs venues,
>     Ne puissent s'apaiser.

— Sténio, tu pâlis! s'écria Marino : c'est assez chanter, ou tu rendras le dernier soupir à la dernière strophe.

— C'est assez m'interrompre, s'écria Sténio avec colère, ou je t'enfonce ton verre dans la gorge.

Puis il essuya la sueur qui coulait de son front, et d'une voix mâle et pleine, qui contrastait avec ses traits exténués et la pâleur bleuâtre qui se répandait sur son visage enflammé, il reprit en se levant :

> Ou si Dieu me refuse une mort fortunée,
> De gloire et de bonheur à la fois couronnée,
> Si je sens mes désirs,
> D'une rage impuissante immortelle agonie,
> Comme un pâle reflet d'une flamme ternie,
> Survivre à mes plaisirs,
>
> De mon maître jaloux, insultant le caprice,
> Que ce vin généreux abrége le supplice
> Du corps qui s'engourdit ;
> Dans un baiser d'adieu que nos lèvres s'étreignent,
> Qu'en un sommeil glacé tous mes désirs s'éteignent,
> Et que Dieu soit maudit !

En achevant cette phrase, Sténio devint livide, sa main chancela et laissa tomber la coupe qu'il portait à ses lèvres. Il essaya de jeter un regard de triomphe sur ses compagnons étonnés de son courage et ravis des mâles accords qu'il avait su tirer encore de sa poitrine épuisée. Mais le corps ne put résister à ce combat forcené avec la volonté. Il s'affaissa, et Sténio, saisi d'une prostration nouvelle, tomba par terre sans connaissance ; sa tête frappa contre la chaise de Pulchérie, dont la robe fut rougie de son sang. Aux cris de la Zinzolina, les autres courtisanes accoururent. En les voyant revenir éblouissantes de parure et de beauté, personne ne songea plus à Sténio. Pulchérie, aidée de son page et de Trenmor, transporta Sténio sous les ombrages du jardin, près d'une fontaine qui jaillissait dans le plus beau marbre de Carrare.

—Laissez-moi seul avec lui, dit Trenmor à la courtisane ; c'est à moi qu'il appartient désormais.

La Zinzolina, bonne et insouciante créature, déposa un baiser sur les lèvres froides de Sténio, le recommanda à Dieu et à Trenmor, soupira profondément en s'éloignant, et retourna au banquet où la joie régnait désormais plus vive et plus bruyante.

— Une autre fois, dit Marino à la Zinzolina en lui rendant sa coupe, tu ne prêteras plus, j'espère, cette belle coupe à ton ivrogne de Sténio. C'est un ouvrage de Cellini; elle a failli être gâtée dans sa chute.

## XLVII

CLAUDIA.

Lorsque Sténio reprit connaissance, il reçut avec dédain les soins empressés de son ami.

—Pourquoi sommes-nous seuls ici? lui dit-il. Pourquoi nous a-t-on mis dehors comme des lépreux?

— Vous ne devez plus retourner parmi les compagnons de l'orgie, lui dit Trenmor, car ceux-là même vous méprisent et vous rejettent. Vous avez tout perdu, tout gâté, vous avez abandonné Dieu, vous avez usé et mené à bout toutes les choses humaines. Il ne vous reste plus que l'amitié dans le sein de laquelle un refuge vous est toujours ouvert.

— Et que fera pour moi l'amitié? dit Sténio avec amertume; n'est-ce pas elle qui, la première, s'est lassée de moi et s'est déclarée impuissante pour mon bonheur?

— C'est vous qui l'avez repoussée, c'est vous qui avez méconnu et renié ses bienfaits. Malheureux enfant! revenez à nous, revenez à vous-même. Lélia vous rappelle; si vous abjurez vos erreurs, Lélia les oubliera...

—Laissez-moi, dit Sténio avec colère, ne prononcez jamais devant moi le nom de cette femme. C'est son influence maudite qui a corrompu ma confiante jeunesse; c'est son infernale ironie qui m'a ouvert les yeux et m'a montré la vie dans sa nudité, dans sa laideur. Ne me parlez pas de cette Lélia; je ne la connais plus, j'ai oublié ses traits. Je sais à peine si je l'ai aimée jadis. Cent ans se sont écoulés depuis que je l'ai quittée. Si je la voyais maintenant, je rirais de pitié en songeant que j'ai possédé cent femmes plus belles, plus jeunes, plus naïves, plus ardentes, et qui m'ont rassasié de plaisir. Pourquoi irais-je désormais plier le genou devant cette idole aux flancs de marbre? Quand j'aurais le regard embrasé de Pygmalion et le bon vouloir des dieux pour l'animer, qu'en ferais-je? Que me donnerait-elle de plus que les autres? Il fut un temps où je croyais à des joies infinies, à des ravissements célestes. C'est dans ses bras que je rêvais la béatitude suprême, l'extase des anges aux pieds du Très-Saint. Mais aujourd'hui, je ne crois plus ni aux cieux, ni aux anges, ni à Dieu, ni à Lélia. Je connais les joies humaines; je ne peux plus m'en exagérer la valeur. C'est Lélia elle-même qui a pris soin de m'éclairer. J'en sais assez désormais; j'en sais plus qu'elle! Qu'elle ne me rappelle donc pas, car je lui rendrais tout le mal qu'elle m'a fait, et je serais trop vengé !

— Ton amertume me rassure, ta colère me plaît, dit Trenmor. Je craignais de te retrouver insensible au souvenir du passé. Je vois qu'il t'irrite profondément, et que la résistance de Lélia est restée dans ta mémoire comme une incurable blessure. Dieu soit béni ! Sténio n'a perdu que la santé physique ; son âme est encore pleine d'énergie et d'avenir.

— Philosophe superbe, railleur stoïque, s'écria Sténio avec fureur, êtes-vous venu ici pour insulter à mon agonie, ou prenez-vous un plaisir imbécile à déployer votre calme impassible devant mes tourments ? Retournez d'où vous venez, et laissez-moi mourir au sein du bruit et de l'ivresse. Ne venez pas mépriser les derniers efforts d'une âme flétrie peut-être par ses égarements, mais non pas avilie par la compassion d'autrui.

Trenmor baissa la tête et garda le silence. Il cherchait des mots qui pussent adoucir l'aigreur de cette fierté sauvage, et son cœur était abreuvé de tristesse. Son austère visage perdit sa sérénité habituelle, et des larmes vinrent mouiller ses paupières.

Sténio s'en aperçut, et, malgré lui, se sentit ému. Leurs regards se rencontrèrent ; ceux de Trenmor exprimaient tant de douleur, que Sténio vaincu s'abandonna à un sentiment de pitié envers lui-même. La raillerie et l'indifférence au sein desquelles il vivait depuis longtemps l'avaient habitué à rougir de ses souffrances. Quand il sentit l'amitié amollir son cœur, il fut comme surpris et subjugé un instant, et se jeta dans les bras de Trenmor avec effusion. Mais bientôt il eut honte de ce mouvement, et se levant tout à coup, il aperçut une femme, enveloppée d'une longue mante vénitienne, qui s'enfonçait dans l'ombre des berceaux. C'était la princesse Claudia, suivie de sa gouvernante affidée, qui se dirigeait vers un des pavillons du jardin.

— Décidément, dit Sténio en rajustant le col de sa chemise de batiste et en l'attachant avec son agrafe de diamant, je ne puis pas laisser cette pauvre enfant languir pour moi sans prendre pitié d'elle. La Zinzolina a probablement oublié qu'elle devait venir. Il y va de mon honneur d'être le premier au rendez-vous.

En même temps Sténio tourna la tête vers le côté où marchait Claudia. Un éclair de jeunesse brilla sur son front dévasté. Sa poitrine sembla se gonfler de désirs. Il retira sa main de la main de son ami, et se mit à courir légèrement vers le pavillon pour y devancer Claudia; mais, au bout de quelques pas, il se ralentit et gagna le but avec nonchalance.

Il arriva en même temps qu'elle à l'entrée du casino, et, tout haletant de fatigue, il s'appuya contre la rampe du perron. La jeune duchesse, rouge de honte et palpitante de joie, crut que le poëte, objet de son amour, était saisi d'émotion et de trouble comme elle. Mais Sténio, un peu ravivé par l'éclat de ses yeux noirs, lui offrit la main pour monter avec l'assurance d'un héraut d'armes et la grâce obséquieuse d'un chambellan.

Lorsqu'ils furent seuls et qu'elle se fut assise tremblante et le visage en feu, Sténio la contempla quelque temps en silence. La princesse Claudia était à peine sortie de l'enfance; sa taille, déjà formée, n'avait pas encore acquis tout son développement; la longueur excessive de ses paupières noires, le ton bilieux de sa peau prématurément lisse et satinée, de légères teintes bleues répandues autour de ses yeux languissants, son attitude maladive et brisée, tout annonçait en elle une puberté précoce, une imagination dévorante. Malgré ces indices d'une constitution fougueuse et d'un avenir plein d'orages, Claudia devait à son extrême jeunesse d'être encore revêtue de tout le charme de la pudeur. Ses agitations se trahissaient et ne se révélaient pas. Sa bouche frémissante semblait appeler le baiser; mais ses yeux étaient humides de larmes; sa voix mal assurée semblait demander grâce et protection; le désir et l'effroi bouleversaient tout cet être fragile, toute cette virginité brûlante et timide.

Sténio, saisi d'admiration, s'étonna d'abord intérieurement d'avoir à sa disposition un si riche trésor. C'était la première fois qu'il voyait la princesse d'aussi près et qu'il lui accordait autant d'attention. Elle était beaucoup plus belle et plus désirable qu'il ne se l'était imaginé. Mais ses sens éteints et blasés ne donnaient plus le change à son esprit désormais sceptique et froid. Dans un seul coup d'œil, il examina et posséda Claudia tout entière, depuis sa riche chevelure enfermée dans une résille de perles, jusqu'à son petit pied serré dans le satin. Dans une pensée, il prévit et contempla toute sa vie future, depuis cette première folie qui l'amenait dans les bras d'un pauvre poëte, jusqu'aux hideuses galanteries d'une vieillesse princière et débauchée. Attristé, effrayé, dégoûté surtout, Sténio la regardait d'un air étrange et sans lui parler. Lorsqu'il s'aperçut de la situation ridicule où le plaçait sa préoccupation, il essaya de s'approcher d'elle et de lui adresser la parole. Mais il ne put jamais feindre l'amour qu'il n'éprouvait pas, et il lui dit d'un ton de curiosité presque sévère en lui prenant la main d'une façon toute paternelle :

— Quel âge avez-vous donc?

— Quatorze ans, répondit la jeune princesse éperdue et presque égarée de surprise, de chagrin, de colère et de peur.

— Eh bien! mon enfant, dit Sténio, allez dire à votre confesseur qu'il vous donne l'absolution pour être venue ici, et remerciez bien Dieu surtout de vous avoir envoyé un an, c'est-à-dire un siècle trop tard dans la destinée de Sténio.

Comme il achevait cette phrase, la gouvernante de la princesse, qui était restée dans l'embrasure d'une croisée pour observer la conduite des deux amants, s'élança vers eux, et, recevant dans ses bras la pauvre Claudia tout en pleurs, elle interpella Sténio avec indignation.

— Insolent! lui dit-elle, est-ce ainsi que vous reconnaissez la grâce que vous accorde votre illustre souveraine, en descendant jusqu'à vous honorer de ses regards? A genoux, vassal, à genoux! Si votre âme brutale n'est pas touchée de la plus excellente beauté de l'univers, que votre audace ploie du moins devant le respect que vous devez à la fille des Bambucci.

— Si la fille des Bambucci a daigné descendre jusqu'à moi, répond Sténio, elle a dû se résigner d'avance à être traitée par moi comme mon égale. Si elle s'en repent à cette heure, tant mieux pour elle. C'est d'ailleurs le seul châtiment qu'elle recevra de son imprudence ; mais elle pourra se vanter d'être protégée par la Vierge, qui l'a conduite ici le lendemain et non la veille d'une orgie. Écoutez, vous deux, femmes, écoutez la voix d'un homme que les approches de la mort rendent sage. Écoutez, vous, vieille duègne à l'âme sordide, aux voies infâmes, et vous, jeune fille aux passions précoces, à la beauté fatale et dangereuse, écoutez. Vous, d'abord, courtisane titrée, marquise dont le cœur recèle autant de vices que le visage montre de rides, vous pouvez rendre grâce à l'insouciance qui effacera de la mémoire de Sténio le souvenir de cette aventure avant qu'une heure se soit écoulée ; sans cela, vous seriez démasquée aux yeux de cette cour et chassée, comme vous le méritez, d'une famille dont vous voulez flétrir le frêle rejeton. Sortez d'ici, vice et cupidité, courtisanerie, servilité, trahison, lèpre des nations, lie et opprobre de la race humaine. Et toi, ma pauvre enfant, ajouta-t-il en arrachant Claudia des bras de sa gouvernante et en l'attirant au grand jour, toute vermeille et toute désolée qu'elle était, écoute bien, et si un jour, emportée au gré du destin et des passions, tu viens à jeter avec effroi un regard en arrière sur les belles années perdues, sur ta pureté ternie, souviens-toi de Sténio, et arrête-toi au bord de l'abîme. Regarde-moi, Claudia, regarde en face, sans crainte et sans trouble, cet homme dont tu te crois éprise et que tu n'as sans doute jamais regardé. A ton âge, le cœur s'agite et s'impatiente. Il appelle un cœur qui lui réponde, il se hasarde, il se confie, il se livre. Mais malheur à ceux qui abusent de l'ignorance et de la candeur! Pour toi, Claudia, tu as entendu chanter les poésies d'un homme que tu as cru jeune, beau, passionné. Regarde-le donc, pauvre Claudia, et vois quel fantôme tu as aimé; vois sa tête chauve, ses mains décharnées, ses yeux éteints, ses lèvres flétries. Mets ta main sur ce cœur épuisé, compte les pulsations lentes et moribondes de ce vieillard de vingt ans. Regarde ces cheveux qui grisonnent autour d'un visage où le duvet viril n'a pas encore poussé; et dis-moi, est-ce là le Sténio que tu avais rêvé? Est-ce le poëte religieux, est-ce le sylphe embrasé que tu as cru voir passer dans tes visions célestes, lorsque tu chantais ses hymnes sur ta harpe au coucher du soleil? Si tu avais jeté alors un coup d'œil vers les marches de ton palais, tu aurais pu voir le pâle spectre qui te parle maintenant, assis sur un des lions de marbre qui gardent ta porte. Tu l'aurais vu, comme aujourd'hui, flétri, exténué, indifférent à ta beauté d'ange, à ta voix mélodieuse, curieux seulement d'entendre comment une princesse de quinze ans phrasait les mélodies inspirées par l'ivresse, écrites dans la débauche.

Mais tu ne le voyais pas, Claudia ; heureusement pour toi, tes yeux le cherchaient dans le ciel où il n'était pas. Ta foi lui prêtait des ailes lorsqu'il rampait sous tes pieds, parmi les lazzaroni qui dorment au seuil de ta villa. Eh bien ! jeune fille, il en sera ainsi de toutes tes illusions, de tous tes amours. Retiens le souvenir de cette déception, si tu veux conserver ta jeunesse, ta beauté et la puissance de ton âme; ou bien, si tu peux encore, après ceci, espérer et croire, ne te hâte pas de réaliser ton impatience, conserve et refrène le désir dans ton âme ardente, prolonge de tout ton pouvoir cet aveuglement de l'espoir, cette enfance du cœur qui n'a qu'un jour et qui ne revient plus. Gouverne sagement, garde avec vigilance, dépense avec parcimonie le trésor de tes illusions; car le jour où tu voudras obéir à la fougue de ta pensée, à la souffrance inquiète de tes sens, tu verras ton idole d'or et de diamant se changer en argile grossière; tu ne presseras plus dans tes bras qu'un fantôme sans chaleur et sans vie. Tu poursuivras en vain le rêve de ta jeunesse ; dans ta course haletante et funeste, tu n'atteindras jamais qu'une ombre, et tu tomberas bientôt épuisée, seule au milieu de la foule de tes remords, affamée au sein de la satiété, décrépite et morte comme Sténio, sans avoir vécu tout un jour.

Après avoir parlé ainsi, il sortit du casino et s'apprêta à rejoindre Trenmor. Mais celui-ci lui prit le bras comme il atteignait le bas du perron. Il avait tout vu, tout entendu, par la fenêtre entr'ouverte.

—Sténio, lui dit-il, les larmes que je répandais tout

à l'heure étaient une insulte, ma douleur était un blasphème. Vous êtes malheureux et désolé, mais vous êtes, mon fils, encore jeune et pur.

— Trenmor, dit Sténio avec un dédain profond et un rire amer, je vois bien que vous êtes fou. Ne voyez-vous pas que toute cette moralité dont je viens de faire étalage n'est que la misérable comédie d'un vieux soldat tombé en enfance, qui construit des forteresses avec des grains de sable et se croit retranché contre des ennemis imaginaires? Ne comprenez-vous pas que j'aime la vertu, comme les vieillards libertins aiment les jeunes vierges, et que je vante les attraits dont j'ai perdu la jouissance? Croyez-vous, homme puéril, rêveur niaisement vertueux, que j'eusse respecté cette fille si l'abus du plaisir ne m'eût rendu impuissant?

En achevant ces mots d'un ton amer et cynique, Sténio tomba dans une profonde rêverie, et Trenmor l'entraîna loin de la villa, sans qu'il parût s'inquiéter du lieu où on le conduisait.

# XLVIII

LA VENTA.

Trenmor, qui aimait à voyager à pied, se procura néanmoins une voiture pour transporter Sténio qui n'aurait pas eu la force de marcher. Ils s'en allèrent à petites journées, contemplant à loisir les lieux magnifiques qu'ils traversaient. Sténio était taciturne et paisible. Il ne demanda pas une seule fois quel était le terme et le but de ce voyage. Il se laissait emmener avec l'apathie d'un prisonnier de guerre, et son indifférence pour l'avenir semblait lui rendre la jouissance du présent. Il regardait souvent avec admiration les beaux sites de ce pays enchanté, et priait Trenmor de faire arrêter les chevaux pour qu'il pût gravir une montagne, ou s'asseoir au bord d'un fleuve. Alors il retrouvait des lueurs d'enthousiasme, des élans de poésie, pour comprendre la nature et pour la célébrer.

Mais, malgré ces instants de réveil et de renaissance, Trenmor put observer dans son jeune ami les irréparables ravages de la débauche. Autrefois sa pensée active et vigilante s'emparait de toutes choses et donnait la couleur, la forme et la vie à tous les objets extérieurs; maintenant Sténio végétait, à l'ordinaire, dans un voluptueux et funeste abrutissement. Il semblait dédaigner de faire emploi de son intelligence; mais, en réalité, il n'était plus le maître de la gouverner. Souvent il l'appelait en vain, elle n'obéissait plus. Il affectait alors de mépriser les facultés qu'il avait perdues, mais l'amertume de sa gaieté trahissait sa colère et sa douleur. Il gourmandait en secret sa mémoire rebelle, il fustigeait son imagination paresseuse, il enfonçait l'éperon au flanc de son génie insensible et fatigué, mais c'était en vain; il retombait épuisé dans un chaos de rêves sans but et sans ordre. Ses idées passaient dans son cerveau, incohérentes, fantasques, insaisissables, comme ces étincelles imaginaires que l'œil croit voir danser dans les ténèbres, et qui se suivent et se multiplient pour s'effacer à jamais dans l'éternelle nuit du néant.

Un matin, en s'éveillant dans une ferme où ils avaient passé la nuit, Sténio se trouva seul. Son compagnon de voyage avait disparu. A sa place, il avait laissé le jeune Edméo, que Sténio accueillit cette fois bien autrement qu'à leur dernière rencontre vers le Monte-Rosa. Une amère raillerie avait succédé dans les paroles et dans les idées du poëte à l'ancienne candeur de l'amitié. Pourtant le cœur de Sténio n'était pas corrompu, et, en voyant la peine qu'il causait à son ami, il s'efforça de redevenir sérieux; mais alors il tomba dans une sombre rêverie, et suivit Edméo sans insister pour savoir où on le conduisait. Le soir même, après avoir parcouru un pays inhabité, couvert d'épaisses forêts, ils arrivèrent au pied d'un antique donjon féodal qui depuis longtemps semblait n'avoir servi d'asile qu'à l'effraie et à la couleuvre. C'était un lieu sauvage et pittoresque. L'âpreté de l'architecture à demi ruinée était en harmonie avec les contours escarpés des roches arides qui l'entouraient. La lune était pâle, et les nuages, chassés sur son front livide par un vent d'automne, prenaient des formes bizarres, comme le paysage sinistre qu'ils traversaient de leurs grandes ombres fuyantes. La voix sèche et saccadée du torrent parmi les galets ressemblait à un rire diabolique. Sténio fut ému, et, sortant tout d'un coup de son apathie, il arrêta brusquement Edméo au moment où ils passaient la herse.

— L'aspect de ces lieux me fait souffrir, lui dit-il, je crois entrer dans une prison. Où sommes-nous?

— Chez Valmarina, répondit Edméo en l'entraînant.

Sténio tressaillit à ce nom, qu'il n'avait jamais entendu sans émotion; mais aussitôt, rougissant de ce reste de naïveté :

— Cela m'eût fait un grand plaisir l'année dernière, dit-il à son ami; mais aujourd'hui cela me paraît passablement ridicule.

— Peut-être changeras-tu d'avis tout à l'heure,

reprit Edméo avec calme; et il le conduisit à travers de vastes cours sombres et silencieuses jusqu'à une galerie profonde où tout était encore silence et ténèbres. Puis, après avoir erré quelque temps dans le dédale des grandes salles froides et délabrées qu'éclairait à peine un rayon égaré de la lune, ils s'arrêtèrent devant une porte chargée d'antiques écussons armoriés, qui brillaient faiblement dans l'ombre. Edméo frappa plusieurs coups dans un ordre méthodique. Un mot de passe fut échangé avec précaution à travers un guichet, et tout à coup les deux battants s'ouvrant avec solennité, Sténio et son ami pénétrèrent dans un immense salon décoré dans le goût des temps chevaleresques, avec un luxe sur lequel l'action du temps avait jeté une teinte sévère, et que l'éclat de mille bougies rendait plus austère encore. . .

. . . . . . . . . . . . . . . . .
. . . . . . . . . . . . . . . .

Il y avait là une assemblée d'hommes que Sténio prit d'abord pour des spectres, parce qu'ils étaient immobiles et muets, et puis pour des fous, car ils accomplirent d'étranges solennités, mythes profonds d'un dogme à la fois sublime et terrible que Sténio ne comprenait pas. Il entra dans la chambre des initiations accompagné d'Edméo. Ce qui lui fut révélé, il ne l'a jamais trahi. Frappé dans la partie de son imagination qui était restée poétique, et dans celle de son cœur qui n'était pas encore fermée aux grands instincts de dévouement, de justice et de loyauté, il se montra digne en cet instant, et par la spontanéité généreuse des engagements qu'il prit, et par l'enthousiasme sincère qu'il éprouva, de la confiance extraordinaire qu'on lui accordait.

Pourtant, lorsqu'il fut question de l'admettre, séance tenante, au rang des initiés, quelques voix s'élevèrent contre lui, et ces voix ne furent pas celles des jeunes étrangers qui se faisaient remarquer dans l'assemblée par leur parole mystique et leur opinion exaltée. Ce furent les voix de ceux que Sténio aurait crus plus disposés à l'indulgence envers lui, car ils étaient riches et prodigues, ils avaient de grands noms, et menaient un grand train. C'étaient des princes, des hommes du monde, la fleur de la jeunesse dorée du pays. Mais s'ils avaient connu comme Sténio une vie dissipée et des plaisirs dangereux, si plusieurs d'entre eux portaient sous leur armure sainte quelques taches de cette lèpre fatale qui s'attache aux heureux du siècle, du moins ils avaient souvent lavé ces souillures par de généreux sacrifices, et Sténio ne pouvait produire aucune preuve de son jeune héroïsme. Ces hommes qu'il avait rencontrés souvent dans les fêtes, au théâtre, et peut-être jusque dans le boudoir de la Zinzolina, puisqu'ils avaient été ses maîtres et ses exemples dans l'art funeste de se perdre, devaient être, selon lui, ses protecteurs et ses répondants lorsqu'il s'agissait de se sauver. Leur méfiance fut un châtiment austère pour lui, et son orgueil souffrit de voir qu'en se proposant leurs travers pour modèles, il n'avait saisi que leur mauvais côté, sans se douter qu'ils en eussent un vraiment grand. Ils le lui firent sentir, et son front fut un instant chargé d'une honte salutaire. Il faillit même s'irriter contre eux et se retirer en les provoquant, lorsqu'on lui demanda qui était son *parrain*, et qu'il se vit seul au milieu d'eux : la jeunesse d'Edméo s'opposait à ce rôle supérieur. Alors un homme qui cachait son visage à tous les autres s'approcha et se fit reconnaître de lui seul : c'était Trenmor; il se présentait pour l'appuyer et pour répondre de lui, fortune pour fortune, vie pour vie, honneur pour honneur.

En présence de tant d'illustres personnages, élite de plusieurs nations réunies dans un sentiment de haute fraternité, Sténio, ému d'une secrète vanité hautaine et lâche, eut envie de renier le patronage de Trenmor. Il se tenait déjà pour offensé des doutes émis sur son compte : quelle serait sa confusion, si une seule voix allait s'élever pour repousser, pour dévoiler le galérien, son unique appui? Il hésita, pâlit, regarda autour de lui d'un air ombrageux; mais alors il vit tous les fronts s'incliner et toutes les mains s'étendre en signe d'assentiment : Trenmor avait laissé voir ses traits. Il demandait que le néophyte fût dispensé de toutes les épreuves vulgaires, et qu'en raison de la prochaine *issue de l'entreprise*, on l'admît sur sa simple parole.

A l'instant même, Sténio fut admis à prêter serment et à prendre ses grades. On dérogeait en sa faveur à tous les usages, on forçait la lettre des statuts, on l'accueillait, lui obscur et sans mérite, sur la caution d'un homme auquel on n'avait rien à objecter, rien à refuser.

— Quel est donc le pouvoir de cet homme sur l'esprit des autres? dit Sténio en s'adressant, après la cérémonie du serment, à un jeune homme qui se trouvait près de lui. Quelle influence extraordinaire exerce-t-il dans cette assemblée? De quelle dignité l'a-t-elle revêtu?

Le jeune homme regarda Sténio avec la plus grande surprise, et se tournant vers ses compagnons: — Par le ciel! dit-il, voilà qui est étrange, le filleul de Valmarina ne connaît pas Valmarina !

— Valmarina? lui, Trenmor? s'écria Sténio.

— Oh! *Trenmor*, *Anselme*, *Mario*, qui vous voudrez, répondirent les nouveaux frères de Sténio. Vous savez bien qu'il va changeant de nom dans tous ses voyages, car l'œil de nos ennemis est ouvert sur lui. Mais il sait leur échapper avec une prudence et une adresse merveilleuses. Souvent il traverse, inaperçu, les lignes les plus dangereuses, et, au moment où on croit le saisir sur un point, il reparaît sur un point éloigné, et se montre alors qu'on ne peut plus l'atteindre. Nulle part il n'est connu sous son véritable nom, pas même ici. Valmarina est celui qu'il se donne parmi nous; mais un mystère impénétrable enveloppe sa naissance, sa patrie et les années de sa jeunesse. Nous ne savons de lui que ce qu'il ne peut nous cacher: c'est qu'il est le plus zélé, le plus libéral, le plus dévoué, le plus brave et le plus modeste d'entre nous.

— Et le plus capable! s'écrièrent plusieurs voix. La Providence veille sur lui; car elle le tire de tous les dangers, et le rend invulnérable à toutes les fatigues d'esprit et de corps. C'est lui qui, des premiers, s'est fait ici l'apôtre et le propagandiste de la foi que vous venez d'embrasser, et c'est lui qui a rendu les plus importants services à notre cause sacrée. Raconter ce qu'il a fait pour elle est impossible; on ne pourrait en dire la moitié, car il cache ses sacrifices avec autant de soin et de jalousie qu'un autre en mettrait à les proclamer. Honneur à toi, poëte Sténio, puisque, sans être connu de toi, Valmarina t'a jugé digne d'une telle confiance et revêtu d'une telle estime !

Ces entretiens furent interrompus par la voix des chefs. Tous les initiés furent invités à donner leurs votes pour l'élection d'un chef suprême. Le casque d'airain d'un ancien preux, détaché d'un des trophées qui ornaient la muraille, servit d'urne pour recueillir les billets; et, après toutes les épreuves accomplies avec la plus religieuse gravité, le nom de Valmarina fut proclamé avec enthousiasme.

Alors Valmarina se leva et dit:

— Grâces vous soient rendues pour ces marques de confiance et d'affection; mais je n'ai pas droit à tant d'estime. Pour vous commander, il faut un homme dont toute la vie soit sans reproche, et ma jeunesse n'a pas été pure. J'ai déjà refusé dans trois assemblées l'honneur que vous me faites. Je refuse encore. Mes fautes ne sont point expiées.

Le plus éminent et le plus respectable parmi ceux qui portaient dans l'assemblée le titre de pères et de tuteurs, se leva aussitôt et répondit:

— Valmarina, mes cheveux blancs et les cicatrices

qui sillonnent mon front me donnent le droit de te reprendre. Ton refus obstiné est une plus grande faute que toutes celles dont tu peux t'accuser. Quoique nous ignorions à quelle race et à quel culte tu appartiens, quoique tu fasses la guerre avec nous aux princes des prêtres et aux pharisiens, nous te voyons exercer les vertus chrétiennes avec une persévérance qui nous frappe de respect, et nul d'entre nous ne s'est jamais arrogé le droit de t'interroger sur les principes qui sont la source de tes vertus. Cependant aujourd'hui je me crois autorisé à te dire que ton humilité approche du fanatisme. Tu nous as montré le cœur d'un guerrier, ne baisse donc pas le front comme un moine. Tu as déjà souffert le martyre pour notre cause, tu as langui dans l'exil, tu as subi la torture des cachots, tu as sacrifié tous tes biens, tu as sans doute immolé toutes tes affections, car tu vis seul et austère comme un saint des anciens jours. Ne te suicide donc pas comme un pénitent. Si ta jeunesse a été souillée de quelque faute, sans doute il n'est ici personne qui ne soit prêt à l'excuser, car aucun de nous n'est sans péché, et aucun de nous ne peut se vanter d'avoir racheté les siens par des actions aussi grandes que les tiennes. Au nom de cette assemblée, et en vertu des pouvoirs que me donnent mon âge et le rang dont on m'a honoré dans cette enceinte, j'exige que tu acceptes le commandement que nos voix viennent de te décerner.

Des acclamations passionnées accueillirent ce discours. Valmarina resta sombre, pâle et morne.

— Père, tu me fais souffrir gratuitement, dit-il quand l'agitation eut cessé ; je ne puis me soumettre à ce pouvoir que je révère en toi. Je ne puis céder à cette sympathie qui m'honore de la part de mes frères... Je me retirerai du sein de cette assemblée, j'irai combattre isolément pour notre cause, plutôt que d'accepter un commandement, un titre, une distinction quelconque. Je ne suis pas catholique, car j'ai fait un vœu tel qu'aucun successeur du Christ ne peut m'en délier !

— Eh bien ! nous le trancherons avec l'épée, reprit le vieux prince, et tu rompras ton vœu. L'homme ne peut pas être juge de ses devoirs pour l'avenir. Tel engagement lui paraît saint et méritoire aujourd'hui, qui demain peut être puéril ou coupable. Souvent il y a piété et sagesse à se rétracter, tandis qu'il y aurait démence ou lâcheté à persévérer dans une résolution insensée. Tu nous a prouvé que tu nous étais nécessaire ; tu ne peux plus nous manquer sans nous être nuisible. Songes-y... Si nous n'étions sûrs de ta vertu comme de la clarté du soleil, si tu ne nous étais cher comme l'enfant de nos entrailles, ta conduite aujourd'hui pourrait ressembler à une défection pour notre cause ou à de l'antipathie pour nos personnes.

— Eh bien ! prenez-le comme vous voudrez ! répondit Trenmor d'un ton farouche et sans se lever. Chacun se regarda avec surprise. Jamais son front calme n'avait été chargé de ce sombre nuage, jamais son sourcil ne s'était contracté ainsi dans la colère, jamais cette sueur froide n'avait baigné ses tempes, et jamais sa bouche n'avait pâli et tremblé dans l'angoisse d'une si douloureuse émotion.

De véhémentes discussions s'élevèrent : les uns accusaient le prince de*** d'avoir manifesté un soupçon outrageant pour Trenmor; d'autres défendaient l'intention du vieux prince et appuyaient son avis. Plusieurs insistaient pour qu'on respectât les répugnances de Valmarina, la plupart pour qu'on s'obstinât à les vaincre.

Valmarina fit cesser ces divisions en se levant pour demander la parole. Aussitôt le silence se rétablit.

— Vous m'y contraignez, dit-il d'un air sombre; j'obéis à la volonté implacable du destin qui vient de parler par la bouche de ce vieillard. Dieu m'est témoin pourtant que j'avais acheté par de grands travaux et de terribles expiations le droit de cacher mon secret, et d'échapper à la honte que vous m'infligez. Mais il en est ainsi dans cette société impitoyable. Il n'est pas de refuge contre les arrêts que les hommes ont une fois prononcés. Il n'est pas de repentir efficace, pas de réparation admissible. Vous avez rêvé la justice et vous avez inventé le châtiment : vous avez oublié la réhabilitation, car vous n'avez pas cru l'homme corrigible ; vous avez prononcé sur lui une condamnation que Dieu dans sa perfection et sa toute-puissance n'aurait pas le droit de prononcer sur la faiblesse humaine !...

— Maudis la société qui protége les tyrans et asservit les hommes libres, interrompit vivement un des anciens, mais n'outrage pas les réformateurs que toi-même as convoqués ici pour détruire le mal et ramener la vertu sur la terre. Il est possible que, produits par cette société corrompue, nous ayons gardé malgré nous quelques-uns de ces mêmes préjugés que nous venons combattre. Mais sache que nous avons la force de les vaincre, quand il s'agit de reconnaître un mérite éclatant comme le tien. Garde ton secret, nous ne voulons pas l'entendre. Les applaudissements recommencèrent.

— Et pourtant, reprit le pénitent, le doute s'est glissé parmi vous, et, si je garde mon secret, le ver rongeur du doute peut faire ici de larges trouées. Hélas! non, nul homme n'a le droit d'avoir un secret, et le moment est venu de confesser le mien. J'avais cru que l'amertume de ce calice pourrait être détournée; je m'étais abusé. Je dois à la cause que nous servons de prouver que je ne suis pas digne de la servir avec éclat; autrement, ceux d'entre vous qui m'estiment le plus s'imagineront que je me crois au-dessus de cette cause, et que, dans un sentiment d'orgueil fanatique, je méprise les gloires humaines. Non, je ne les méprise pas, je n'ai pas le droit de les mépriser. Je les regarde comme la sainte et désirable couronne des héros et des martyrs. Mais ma main est impure et ne peut soutenir une palme. Je n'attendrai pas que les hommes portent sur moi cet arrêt. Je dois le prononcer moi-même! Ce n'est pas que je craigne les hommes; le jugement des plus grands et des plus purs d'entre vous ne m'épouvante pas, car mon cœur est sincère, et mon crime est expié. Mais je respecte la cause, et ce que je crains, c'est de lui faire tort en me laissant proclamer son représentant. Ma destinée n'est pas de travailler pour une récompense terrestre. Vous pouvez bien admettre qu'il est des fautes que le ciel seul peut absoudre, des infortunes dont la mort seule peut délivrer... Au reste, vous allez en juger... Un soir d'hiver, il y a dix ans environ, le seigneur de ce château accorda l'hospitalité à un misérable.

— A un infortuné qui se traînait seul et fatigué parmi nos forêts, interrompit Edméo, qui se leva d'un air inspiré, et qui, imposant son enthousiasme à l'assemblée, fut écouté à la place de Valmarina. Le seigneur de ce château était mon oncle, comme vous savez tous, un des seigneurs les plus riches de ces contrées. C'était un philosophe, un cœur généreux, passionné pour les grandes choses, ami de jeunesse d'Alfieri, disciple de Rousseau, partisan de la liberté, et ne nourrissant qu'une pensée, qu'un espoir, celui de voir sa patrie recouvrer son indépendance et son unité. Il passait parmi le vulgaire pour un exalté, pour un fou. Il accueillit le proscrit qui frappait à sa porte, il le fit asseoir à sa table, il l'écouta sous le manteau du foyer domestique, antique sanctuaire de la famille, symbole de l'inviolable hospitalité. Il apprit tous ses secrets, et les ensevelit dans son cœur : il s'entretint avec lui des principes sacrés de la morale et la justice humaines, en remontant jusqu'aux grandes causes, à l'essence de la justice et de la bonté divines; et le soleil pâle et tardif des matinées d'hiver les surprit devant l'âtre, parlant encore et ne songeant point à se séparer. Alors le proscrit voulut partir, son hôte le retint ce jour-là et les jours suivants; et le proscrit, malgré sa tristesse et sa retenue, ne partit point. Mon oncle s'y opposa avec des prières irrésistibles.

Trois mois après, le seigneur mourut et légua ses châteaux, ses terres, toute son immense fortune au proscrit, déshéritant son neveu, frivole enfant qui jouissait d'une assez grande aisance, et qui ne pouvait faire un noble usage des biens considérables placés en de meilleures mains. L'étranger accepta ce legs, et le préserva des rapines et des intrigues qui veillent toujours au chevet des moribonds. Mais trois mois après, il vint rapporter au neveu dépouillé les titres des propriétés et la clef des trésors de son oncle. « Enfant, lui dit-il, je trahis la volonté d'un mourant, et je remets peut-être en de mauvaises mains la précieuse subsistance de cent familles. Peut-être si j'avais toujours vécu dans le sentiment du devoir, aurais-je le droit et le courage aujourd'hui de faire de cette fortune le seul noble usage auquel elle puisse être attribuée. Mais, comme toi, j'ai usé ma jeunesse dans le désordre, et, puisque Dieu m'en a retiré, je puis croire que son intention est de t'en retirer aussi et de t'éclairer sur tes vrais devoirs. En tout cas, je ne puis remplir envers toi le rôle de la Providence, je ne suis ni ton parent ni ton ami, mais seulement ton débiteur. »

Et, disant ainsi, cet homme disparut, se dérobant à mes remercîments et à mes instances. Je ne le revis que l'année suivante. Il me pria de secourir de nobles infortunes qui n'étaient pas les siennes, et, quoiqu'il vécût dans l'indigence, il ne voulut jamais accepter rien pour lui-même...

— Puisque vous avez dit mon histoire, je dirai la vôtre, interrompit Valmarina. Mais, qui ne le sait point ici? Toi, Sténio, nouvel adepte, apprends la source des richesses qu'on me voit répandre pour féconder le sillon sacré. C'est la vertu de ce jeune homme, à peine plus âgé que toi de quelques années, de ce jeune homme qui jusqu'à seize ans vécut dans l'ignorance du rôle sublime que le ciel lui réservait, et dont l'instinct dormait au fond de son cœur. Tu n'as vu en lui qu'un rêveur ordinaire. C'est ici que les grandes vertus et les grandes actions, cachées aux yeux d'un monde qui ne les comprendrait pas, éclatent sans faste et sans ostentation au sein d'une famille d'élus, dont le suffrage console et n'enivre pas comme la louange banale du vulgaire. C'est qu'ici nul n'a rien à envier à la gloire d'autrui. Chacun a fourni ses titres et subi son épreuve...

— De toi seul nous ne savons rien, enfant, dit le vieillard, mais de toi, à cause du parrain qui vient de te présenter au baptême, nous attendons beaucoup; sois attentif aux dernières révélations qui vont t'être faites ainsi qu'à tes jeunes frères. Cette assemblée va décider de grandes choses. . . . . . .
. . . . . . . . . . . . . . . .

L'assemblée se sépara après avoir reçu et enregistré tous les serments. La tâche fut distribuée à chacun suivant ses moyens et ses forces. Sténio demanda et obtint la permission d'agir conjointement avec Edméo, sous la direction de Valmarina. Celui-ci accepta un emploi périlleux, mais secondaire; son refus du commandement suprême fut irrévocable.

Chaque seigneur alla brider lui-même, dans les vastes écuries du vieux manoir, son destrier encore fumant de la course qui l'y avait amené. Aucun ne s'était fait escorter, crainte d'imprudence ou de trahison. Les plébéiens échangèrent d'affectueux embrassements avec ceux qui abjuraient tout souvenir de supériorité fictive, pour cimenter la nouvelle alliance. Les jeunes gens traversèrent à pied la forêt; Sténio suivit Edméo et Trenmor. La lune s'abaissait vers l'horizon, et le jour ne paraissait pas encore. Chacun se pressait afin de sortir de ces parages à la faveur de l'obscurité : tous marchaient par des chemins différents, dans le plus profond silence. De temps à autre seulement on entendait le pied d'un cheval heurtant un caillou, ou le retentissement de sa marche sur les ponts de bois du torrent. Aucun rayon ne scintillait plus aux vitraux du vieux manoir; aucun hôte n'y reposa ses membres fatigués. Les oiseaux de nuit, un instant écartés et silencieux, reprirent possession de leur domaine; et les portraits des aïeux, un instant éclairés d'une vive lumière, rentrèrent dans les ténèbres, muets témoins du pacte étrange que leurs neveux venaient de contracter avec les neveux de leurs vassaux.

## XLIX

Le temps que vous avez fixé vous-même est écoulé, et je vais vous rejoindre. Vous avez peut-être besoin de moi, et pour le moment je n'ai rien à faire ici. Dieu veuille qu'à vous aussi je sois utile, mais non pas pour la même raison! J'espère être témoin de votre résurrection; ici je n'ai trouvé que la mort.

Oui, Lélia, tout est mort sur cette terre maudite. La douleur est entrée cette fois bien avant dans mon cœur. Je frémis, je vous l'avoue, devant le spectacle du monde. J'ai besoin d'y échapper pendant quelque temps et d'aller retremper mon âme dans le sein de la nature. Elle seule ne vieillit pas; mais les races humaines arrivent en peu de temps à la décrépitude, et, quand l'heure de leur trépas est sonnée, les médecins de l'humanité sont réduits à se croiser les bras et à les voir expirer en silence.

Et pourtant, ô mon Dieu! il y a encore des éléments de grandeur, il y a encore des âmes fortes, des jeunesses ardentes et pures. Le phénix est encore prêt à étendre ses ailes sur le bûcher ; mais il sait que sa cendre est devenue stérile, que le principe divin va s'éteindre avec lui, et il meurt en jetant un dernier cri d'amour et de détresse sur ce monde qui regarde avec indifférence sa sublime agonie. J'ai vu périr des héros : les peuples aussi les ont vus, et ils se sont assis comme à un spectacle, au lieu de se lever pour les venger!

La génération qui a fait un homme puissant, au lieu de faire des nations fortes, ne pourra se relever de son abjection. Le faible espoir qui reste est tout entier dans la jeunesse qui s'élève. Des idées de gloire lui ont donné la bravoure; des idées philosophiques lui ont donné l'esprit d'indépendance. Mais, vous le dirai-je? cette jeunesse m'épouvante; déréglée, bouffie d'orgueil, dépourvue de vénération, elle ne cherche, dans l'œuvre qu'elle veut accomplir, que des émotions guerrières et des triomphes bruyants. Elle méconnaît tout ordre et toute justice dès qu'elle raisonne sur les choses du lendemain. Elle s'approprie l'avenir et y porte déjà toutes les iniquités du passé. Que va-t-elle faire si elle triomphe? et que va devenir l'humanité si elle succombe? O triste temps que celui où la victoire effraye autant que la défaite!

En attendant qu'un nouvel effort augmente ou diminue nos forces, je vais vous voir. Puissé-je vous trouver moins résignée que moi! Il n'y a rien de plus triste que cette soumission à une implacable destinée. Hélas! que deviendrait-on alors, si on n'avait la conscience d'avoir fait son devoir?

L.

MALÉDICTION.

Un jour Sténio redescendit seul les défilés rapides du Monteverdor. Sa santé s'était améliorée; des émotions terribles, de grands chagrins, une blessure assez grave, c'étaient là pourtant les événements qui l'avaient retenu éloigné de sa résidence accoutumée. Mais il est des douleurs nobles, des souffrances glorieuses qui fortifient au lieu d'abattre, et Sténio en avait ressenti l'austère et maternelle influence.

Toutefois, Sténio n'était pas guéri, son âme avait succombé plus que son corps dans le défi insensé qu'il avait voulu porter à la vie. La jeunesse physique refleurit aisément; mais la jeunesse intellectuelle, plus délicate et plus précieuse, ne recouvre jamais entièrement son parfum et sa grâce. La vertu peut rendre à l'esprit une sorte de virginité, mais lentement et à force de soins et d'expiations.

Sténio était brave, il l'avait prouvé; mais son cœur, un instant ranimé, retombait dans une mortelle langueur, aussitôt que les émotions du danger ne le soutenaient plus. Le besoin d'amusements frivoles et d'excitations factices était devenu si impérieux chez lui, que le calme lui était une sorte de supplice. Tandis qu'il traversait seul et d'un pas rapide ces lieux remplis du souvenir poétique de sa passion, il cherchait à échapper à ses propres pensées; mais, entre les spectacles tragiques dont il venait d'être témoin et la mémoire pénible de ses transports dédaignés, il ne savait où se réfugier, et la vie que Pulchérie lui avait faite, vide d'émotions profondes et de sentiments vrais, était la seule où il pût se reposer. Repos fatal, semblable à celui que le voyageur trouve dans les forêts de l'Amérique, sous l'ombrage enivrant qui donne la mort.

Tout à coup, au détour d'un des angles escarpés du chemin, il se trouva face à face avec un homme qu'il prit d'abord pour un spectre.

— Que vois-je? s'écria-t-il en reculant de surprise et presque de terreur. Les morts sortent-ils du tombeau? Les martyrs quittent-ils le ciel pour errer sur la terre?

— J'ai échappé à la mort, répondit Valmarina; je sais que, grâce au ciel, tu as échappé à la proscription; mais ma tête est mise à prix, et je ne dois pas m'arrêter un instant près de toi; tu ne dois pas avoir l'air de me connaître, car, si j'étais découvert, les dangers qui m'environnent pourraient t'atteindre aussi... Va, continue ta route, et que le ciel t'accompagne !

— Votre tête est mise à prix ! s'écria Sténio sans faire attention à la fin du discours de Trenmor, et, au lieu de quitter cette contrée, vous revenez affronter la persécution dans un lieu où vous êtes connu ?

— Dieu m'assistera aussi longtemps qu'il me jugera propre à accomplir quelque bien sur la terre, répondit le proscrit. Ma mission n'est pas remplie ; j'ai ici quelqu'un à voir encore avant de m'éloigner tout à fait. Adieu, mon enfant ; puisse la semence de vie fructifier dans ton âme ! Éloigne-toi, car, bien que ce chemin paraisse peu fréquenté, chaque rocher, chaque buisson peut recéler un délateur.

Et Trenmor, coupant droit à travers la montagne, voulut quitter le sentier où Sténio devait passer. Mais Sténio s'attacha à ses pas.

— Non, je ne vous quitterai pas ainsi, lui dit-il. Vous avez besoin d'aide, vous êtes accablé de fatigue ; vos blessures sont à peine fermées, vos joues sont creusées par la souffrance. D'ailleurs, vous êtes sans asile, et je puis vous en offrir un. Venez, venez avec moi. C'est m'outrager que de me croire capable de prudence et de crainte en un tel moment.

— J'ai un asile tout près d'ici, répondit Trenmor. J'ai assez de force pour m'y rendre ; ne crains donc rien pour moi, mon ami, et songe à toi-même. Je n'ai jamais douté de toi. J'ai été te chercher au sein des voluptés où tu étais endormi, et je n'ai pas épargné ton généreux sang, lorsqu'il a dû couler pour une cause sainte. Mais ce qui nous en reste est précieux aujourd'hui, et ne doit pas être exposé sans nécessité. L'ami qui me cache en ce moment, court assez de risques. C'est déjà trop d'un dévouement que je puis rendre funeste !

Malgré les refus et la résistance du proscrit, Sténio s'obstina à l'accompagner jusqu'à la cellule de l'ermite. Cette cellule, creusée dans le granit de la montagne, loin de tout sentier tracé par les hommes, était cachée à tous les regards par l'ombrage épais des cèdres, et par un réseau de nopals aux bras rugueux, étroitement entrelacés. La cellule était déserte. Située sur l'escarpement du roc, elle surplombait une profondeur dont les abîmes se dérobaient à la vue. L'autre rive de ce précipice présentait un ravin nu et sablonneux, au fond duquel un petit lac dormait dans un morne repos. Même de ce côté, il ne semblait pas possible de descendre sur ses bords, à cause de la mobilité des sables inclinés qui l'entouraient et de l'absence totale de point d'appui. Aucune roche n'avait trouvé moyen de s'arrêter sur cette pente rapide, aucun arbre n'avait pu enfoncer ses racines dans ce sol friable. En attendant que les avalanches qui l'avaient creusé vinssent le combler, ce précipice nourrissait, au sein de ses ondes immobiles, une riche végétation. Des lotus gigantesques, des polypiers d'eau douce, longs de vingt brasses, apportaient leurs larges feuilles et leurs fleurs variées à la surface de cette eau que ne sillonnait jamais la rame du pêcheur. Sur leurs tiges entrelacées, sous l'abri de leurs berceaux multipliés, les vipères à la robe d'émeraude, les salamandres à l'œil jaune et doucereux, dormaient, béantes au soleil, sûres de n'être pas tourmentées par les filets et les piéges de l'homme. La surface du lac était si touffue et si verte, qu'on l'eût prise d'en haut pour une prairie. Des forêts de roseaux y reflétaient leurs tiges élancées et leurs plumets de velours que le vent courbait comme une moisson des plaines. Sténio, charmé de l'aspect sauvage de ce ravin, voulait essayer d'y descendre et de poser le pied sur ce perfide réseau de feuillage.

— Arrêtez, mon fils, lui dit l'ermite, qui parut alors avec son capuchon abaissé sur le visage; ce lac, couvert de fleurs, est l'image des plaisirs du monde. Il est environné de séductions, mais il recèle des abîmes sans fond.

— Et qu'en savez-vous, mon père? dit Sténio en souriant; avez-vous sondé cet abîme? avez-vous marché sur les flots orageux des passions?

— Quand Pierre essaya de suivre Jésus sur les ondes du Génézareth, répondit l'ermite, il sentit au bout de quelques pas que la foi lui manquait et qu'il s'était trop hasardé en voulant, comme le Fils de l'homme, marcher sur la tempête. Il s'écria : « Seigneur, nous périssons! » Et le Seigneur, l'attirant à lui, le sauva.

— Pierre était un mauvais ami et un lâche disciple, reprit Sténio; n'est-ce pas lui qui renia son maître dans la crainte de partager son sort? Ceux qui ont peur du danger, et qui s'en retirent, ressemblent à Pierre ; ils ne sont ni hommes ni chrétiens.

L'ermite baissa la tête et ne répondit pas.

— Mais, dites-moi, mon père, pourquoi vous vous donnez la peine de me cacher votre visage? Je connais fort bien le son de votre voix; nous nous sommes déjà vus dans des jours meilleurs.

— Meilleurs! dit Magnus en laissant tomber lentement son capuchon, et en appuyant son front déjà chauve sur sa main desséchée, dans une attitude mélancolique.

— Oui, meilleurs pour vous et pour moi, dit Sténio; car, à cette époque, les roses de la jeunesse s'épanouissaient sur mon visage, et, bien que vous eussiez l'air égaré et le pouls fébrile la dernière fois que je vous rencontrai sur la montagne, votre barbe était noire, mon père, et vos cheveux touffus.

— Vous attachez donc un grand prix à cette vaine et funeste jeunesse du corps, à cette dévorante énergie du sang, qui colore le visage et qui brûle le crâne? dit le moine chagrin.

— Vous en voulez à la jeunesse, mon père, dit Sténio; vous avez pourtant quelques années seulement de plus que moi. Eh bien! je gagerais qu'il y a encore plus de jeunesse dans votre imagination qu'il n'y en a maintenant dans tout mon être.

Le prêtre pâlit, puis il posa sa main jaune et calleuse sur la main pâle et bleuâtre de Sténio.

— Mon enfant, lui dit-il, vous avez donc été malheureux aussi, puisque vous êtes si cruel?

— La souffrance qu'on a subie, dit Trenmor d'un ton sévère et triste, devrait rendre compatissant et bon. C'est le fait des âmes faibles de se corrompre dans l'adversité; les âmes fortes s'y épurent.

— Et ne le sais-je pas bien? dit Sténio, que la rencontre inattendue de Magnus ramenait au souvenir amer de son amour repoussé; ne sais-je pas que je suis une âme sans grandeur et sans énergie, une nature infirme et misérable? En serais-je où j'en suis si j'étais Trenmor ou Magnus? Mais, hélas! ajouta-t-il en s'asseyant avec un mouvement de sombre colère sur le bord de l'abîme, pourquoi tenter sur moi de vains efforts? pourquoi me donner des conseils dont je ne puis profiter et des exemples qui sont au-dessus de mes forces? Quel plaisir trouvez-vous à m'étaler vos richesses, à me montrer de quelle puissance vous êtes doués, de quels efforts vous êtes capables? Hommes forts, hommes héroïques! vases d'élection! saints qui êtes sortis d'un galérien et d'un prêtre! vous, forçat, qui avez assumé sur votre tête tous les châtiments de la vie sociale; vous, moine, qui avez résumé dans quelques années de votre vie intérieure toutes les tortures de l'âme; vous deux, qui avez souffert tout ce que les hommes peuvent souffrir, la satiété et la privation; l'un brisé par les coups, l'autre par le jeûne; vous voici pourtant debout et le front levé vers le ciel, tandis que moi je rampe comme l'enfant prodigue au milieu des animaux immondes, c'est-à-dire des appétits grossiers et des vices impurs! Eh bien! laissez-moi mourir dans ma fange, et ne venez pas tourmenter mon agonie par le spectacle de votre ascension glorieuse vers les cieux. C'est ainsi que les amis de Job venaient vanter leur prospérité à la victime étendue sur le fumier. Laissez-moi, laissez-moi! Gardez bien vos trésors, de peur que votre orgueil ne les dépense. Que la sagesse et l'humilité veillent à la garde de vos conquêtes! Préservez-vous du désir puéril de les montrer à ceux qui n'ont rien; car, dans sa colère, le pauvre haineux et jaloux pourrait cracher sur ces richesses et les ternir. Trenmor, votre gloire n'est peut-être pas aussi réelle, aussi éclatante que vous l'imaginez. Ma raison amère pourrait peut-être trouver une explication triviale au triomphe de la volonté sur des passions amorties, sur des désirs effacés ou repus. Magnus, prenez garde, votre foi n'est peut-être pas si affermie que je ne puisse l'ébranler d'un regard moqueur ou d'un doute audacieux. La victoire remportée par l'esprit sur les tentations de la chair n'est peut-être pas si complète, que je ne puisse vous faire rougir et pâlir encore en prononçant un nom de femme!... Allez, allez priez; allumez l'encens devant l'autel de la Vierge, et baissez la tête sur le pavé de vos églises. Allez composer des traités sur la mortification et la résignation, mais laissez-moi jouir des derniers jours qui me restent. Dieu qui ne m'a pas, comme vous, favorisé d'une organisation supérieure, n'a mis à ma portée que des réalités communes, que des plaisirs vulgaires; j'en veux user jusqu'au bout. N'ai-je pas, moi aussi, fait un pas immense dans le chemin de la raison, depuis que nous nous sommes quittés? En voyant que je ne pouvais atteindre au ciel, ne me suis-je pas mis à marcher sur la terre, sans humeur et sans dédain? N'ai-je pas accepté la vie telle qu'elle m'était destinée? Et lorsque j'ai senti au dedans de moi une ardeur inquiète et rebelle, des ambitions vagues et fantasques, des désirs irréalisables, n'ai-je pas tout fait pour les éteindre et les dompter? J'ai pris un autre moyen que vous, mes frères, voilà tout. Je me suis calmé par l'abus, tandis que vous vous êtes guéris par le cilice et l'abstinence. Il fallait, à d'aussi grandes âmes que les vôtres, ces moyens violents, ces expiations austères; l'usage des choses humaines n'eût pas suffi à rompre vos caractères d'airain, à épuiser vos forces surnaturelles. Mais toutes ces choses étaient à la taille de Sténio. Il s'y est livré sans rougir, il s'en est assouvi sans ingratitude, et maintenant, si son corps s'est trouvé trop faible pour ses appétits, si la phthisie s'est emparée de ce chétif enfant du plaisir, c'est que Dieu ne l'avait pas destiné à compter de longs jours sur la terre, c'est qu'il n'était propre à faire ni un soldat, ni un prêtre, ni un joueur, ni un savant, ni un poëte. Il y a des plantes réservées à mourir aussitôt après avoir fleuri, des hommes que Dieu ne condamne pas à un long exil parmi les autres hommes. Voyez, mon père, vous voici chauve comme moi, vos mains sont desséchées, votre poitrine rétrécie, vos genoux débiles, votre respiration courte; voici votre barbe qui grisonne, et vous n'avez pas trente ans. Votre agonie sera peut-être un peu plus lente que la mienne; peut-être me survivrez-vous toute une année. Eh bien! n'avons-nous pas réussi tous deux à vaincre nos passions, à refroidir nos sens? Nous voici sortis du creuset, épurés et réduits, n'est-ce pas, mon père! Je suis plus amoindri que vous encore; c'est que l'épreuve a été plus forte et plus sûre, c'est que je touche au but, c'est que j'ai fini de terrasser l'ennemi. Peut-être eussiez-vous aussi bien fait de prendre les mêmes moyens que moi; c'étaient les plus courts; mais n'importe, vous n'en arriverez pas moins à la souffrance et à la mort. Donsnons-nous la main, nous sommes frères. Vous étiez grand, j'étais misérable; vous étiez une nature vigoureuse, moi une nature pauvre; mais les tombes qui bientôt vont s'ouvrir pour nous, n'en hériteront pas moins, l'une et l'autre, d'un peu de poussière. »

Magnus, qui pendant les paroles de Sténio s'était troublé plusieurs fois et avait levé les yeux vers le ciel avec une expression d'effroi et de détresse, prit en cet instant une attitude plus calme et plus assurée.

— Jeune homme, lui dit-il, nous ne finirons pas avec cette chétive enveloppe, et notre âme ne sera pas donnée en pâture aux vers du tombeau. Pensez-vous que Dieu tienne un compte égal entre nous? N'y aura-t-il pas au jour du jugement des miséricordes plus grandes pour celui qui aura mortifié sa chair, et prié dans les larmes, une justice plus sévère pour celui qui aura plié le genou devant les idoles et bu aux sources empoisonnées du péché?

— Qu'en savez-vous, mon père? dit Sténio. Tout ce qui est contraire aux lois de la nature est peut-être abominable devant le Seigneur. Quelques-uns ont osé le dire dans ce siècle d'examen philosophique, et je suis de ceux-là. Mais je vous épargnerai ces lieux communs. Je me bornerai à vous faire une question ; la voici : Si demain, au lever du jour, après vous être endormi dans les larmes et la prière, vous veniez à vous réveiller dans les bras d'une femme, apportée à votre chevet par la malice des esprits des ténèbres; après la surprise, la frayeur, la lutte, la victoire, l'exorcisme, tout ce que vous éprouveriez et feriez, je n'en doute pas, dites-moi, iriez-vous bien dire la messe un instant après, et toucher le corps du Christ sans la moindre terreur ?

— Avec la grâce de Dieu, répondit Magnus, peut-être mes mains seraient-elles restées assez pures pour toucher l'hostie sainte. Néanmoins, je ne voudrais pas l'oser sans m'être auparavant purifié par la pénitence.

— Fort bien, mon père; vous voyez bien que vous êtes moins purifié que moi; car je pourrais à présent dormir toute une nuit à côté de la plus belle femme du monde sans éprouver autre chose pour elle que du dégoût et de l'aversion. En vérité, vous avez perdu votre temps à jeûner et à prier; vous n'avez rien fait, puisque la chair peut encore épouvanter l'esprit, et que le vieil homme peut encore troubler la conscience de l'homme nouveau. Vous avez bien réussi à creuser votre estomac, à irriter votre cerveau, à déranger la combinaison harmonieuse de vos organes; mais vous n'avez pas réduit comme moi votre corps à un rôle passif; vous n'en êtes pas venu au point de subir l'épreuve dont je parle, et d'aller immédiatement communier sans confession. Vous n'avez obtenu pour résultat qu'un lent suicide physique, c'est-à-dire une action que votre religion condamne comme un crime affreux, et vous êtes sous l'empire des mauvais désirs, comme aux premiers jours de votre pénitence. Dieu ne vous a pas bien secondé, mon père !

L'ermite se leva, et, se redressant de toute la hauteur de sa grande taille affaissée, il regarda le ciel encore une fois; puis, posant ses deux mains sur son front dans une affreuse anxiété, il s'écria :

— Serait-il vrai, ô mon Dieu ! M'aurais-tu refusé les secours et le pardon ? M'aurais-tu abandonné à l'esprit du mal ? Te serais-tu retiré de moi, sans vouloir prêter l'oreille à mes sanglots, à mes cris suppliants ? Aurais-je souffert en vain, et toute cette vie de combats et de tortures serait-elle perdue ? Non ! s'écria-t-il encore avec enthousiasme en élevant ses longs bras grêles hors de ses manches de bure, je ne le croirai pas; je ne me laisserai pas décourager par les paroles impies de cet enfant du siècle. J'irai jusqu'au bout; j'accomplirai mon sacrifice, et si l'Église a menti, si les prophètes ont été inspirés par l'esprit des ténèbres, si la parole divine a été détournée de son vrai sens, si mon zèle a été plus loin que ton exigence, du moins tu me tiendras compte du désir opiniâtre, de la volonté féroce qui m'a séparé de la terre pour me faire conquérir le ciel; tu liras au fond de mon cœur cette passion ardente qui me dévorait pour toi, mon Dieu, et qui parle si haut dans une âme dévorée d'autres passions terribles. Tu me pardonneras d'avoir manqué de lumière et de sapience, tu ne pèseras que mes sacrifices et mes intentions, et, si j'ai porté cette croix jusqu'à ma mort, tu me donneras ma part dans la mansuétude de ton éternel repos !

— Est-ce que le repos est dans le système de l'univers? dit Sténio. Espérez-vous être assez grand pour mériter que Dieu crée pour vous seul un univers nouveau? Croyez-vous qu'il y ait aux cieux des anges oisifs et des vertus inertes? Savez-vous que toutes les puissances sont actives, et qu'à moins d'être Dieu, vous n'arriverez jamais à l'existence immuable et infinie? Oui, Dieu vous bénira, Magnus, et les saints chanteront vos louanges là-haut sur des harpes d'or. Mais quand vous aurez apporté, vierge et intacte, aux pieds du Maître, l'âme d'élite qu'il vous a confiée icibas; quand vous lui direz : « Seigneur, vous m'aviez donné la force; je l'ai conservée, la voici; je vous la rends; donnez-moi la paix éternelle pour récompense; » Dieu répondra à cette âme prosternée : « C'est bien, ma fille, entre dans ma gloire et prends place dans mes phalanges étincelantes. Tu accompliras désormais de nobles travaux, tu conduiras le char de la lune dans les plaines de l'éther, tu rouleras la foudre dans les nuées, tu enchaîneras le cours des fleuves, tu monteras la tempête, tu la feras bondir sous toi comme une cavale hennissante, tu commanderas aux étoiles; substance divine, tu seras dans les éléments, tu auras commerce avec les âmes des hommes, tu accompliras, entre moi et tes anciens frères, des missions sublimes, tu rempliras la terre et les cieux, tu verras ma face et tu converseras avec moi. » Cela est beau, Magnus, et la poésie trouve son compte à ces sublimes aberrations. Mais, quand il en serait ainsi, je n'en voudrais pas. Je ne suis pas assez grand pour être ambitieux, pas assez fort pour vouloir un rôle, soit ici, soit là-haut. Il convient à votre orgueil gigantesque de soupirer après les gloires d'une autre vie; moi, je ne voudrais pas même d'un trône élevé sur toutes les nations de la terre. Si je doutais de la bonté divine au point d'espérer autre chose que le néant, pour lequel je suis fait, je lui demanderais d'être l'herbe des champs que le pied foule et qui ne rougit pas, le marbre que le ciseau façonne et qui ne saigne pas, l'arbre que le vent fatigue et qui ne le sent pas. Je lui demanderais la plus inerte, la plus obscure, la plus facile des existences; je le trouverais trop exigeant encore s'il me condamnait à revivre dans la substance gélatineuse d'un mollusque. C'est pourquoi je ne travaille pas à mériter le ciel; je n'en veux pas, j'en crains les joies, les concerts, les extases, les triomphes. Je crains tout ce dont je puis concevoir l'idée; comment désirerais-je autre chose que d'en finir avec tout? Eh bien! je suis plus content que vous, mon père; je m'en vais sans inquiétude et sans effroi vers l'éternelle nuit, tandis que vous approchez, éperdu, tremblant, du tribunal suprême où le bail de vos souffrances et de vos fatigues va se renouveler pour l'éternité. Je ne suis pas jaloux; j'admire votre destinée, mais je préfère la mienne.

Magnus, effrayé des choses qu'il entendait, et ne se sentant point la force d'y répondre, se pencha vers Trenmor, et de ses deux mains serrant avec force la main de l'homme sage, ses yeux, pleins d'anxiété, semblèrent lui demander l'appui de sa force.

— Ne vous troublez point, ô mon frère! reprit Trenmor, et que les souffrances de cette âme blessée n'altèrent point la confiance de la vôtre. Ne vous lassez point de travailler, et que la tentation du néant s'émousse comme une caresse menteuse. Vous auriez plus de peine à devenir incrédule qu'à garder le trésor de la foi. Ne l'écoutez point, car il se ment à lui-même et craint les choses qu'il affirme, bien loin de les désirer. Et toi, Sténio, tu travailles vainement à éteindre en toi le flambeau sacré de l'intelligence. Sa flamme se ranime plus vive et plus belle à chacun de tes efforts pour l'étouffer. Tu aspires au ciel malgré toi, et ton âme de poëte ne peut chasser le souvenir douloureux de sa patrie. Quand Dieu, la rappelant de l'exil, l'aura purifiée de ses souillures et guérie de ses maux, elle se prosternera avec amour, et le remerciera d'avoir fait luire pour elle son éternelle lumière. Elle regardera derrière elle s'effacer comme un nuage ce rêve effrayant et sombre de la vie humaine, et s'étonnera d'avoir traversé ces ténèbres sans songer à Dieu, sans espérer le réveil. « Où étais-tu donc, ô mon Dieu! dira-t-elle, et que suis-je devenue dans ce tourbillon rapide qui m'a entraînée un instant? » Mais Dieu la consolera et la soumettra peut-être à d'autres épreuves, car elle les redemandera avec instance. Heureuse et fière d'avoir retrouvé la volonté, elle voudra en faire usage, elle sentira que l'activité est l'élément des forts ; elle s'étonnera d'avoir abdiqué sa couronne d'étoiles ; elle demandera son rôle parmi les dominations célestes et le reprendra avec éclat ; car Dieu est bon et n'envoie peut-être les rudes épreuves du désespoir qu'à ses élus, pour leur rendre plus précieux ensuite l'emploi de la puissance. Va, la plus divine faculté de l'âme, le désir, n'est qu'endormie en toi, Sténio. Laisse reprendre à ton corps quelque vigueur, donne à ton sang quelques jours de repos, et tu sentiras se réveiller cette ardeur sainte du cœur, cette aspiration infinie de l'intelligence qui font qu'un homme est un homme, et qu'il est digne de commander aux choses ici-bas, aux éléments là-haut.

— Un homme est un homme, dit Sténio, tant qu'il peut gouverner son cheval et résister à sa maîtresse. Quel plus bel emploi de la force voyez-vous que le ciel ait départi à d'aussi chétives créatures que nous ? Si l'homme est susceptible d'une certaine grandeur morale, elle consiste à ne rien croire, à ne rien craindre. Celui qui s'agenouille à toute heure devant le courroux d'un Dieu vengeur, n'est qu'un esclave servile qui craint les châtiments d'une autre vie. Celui qui se fait une idole de je ne sais quelle chimère de volonté, devant laquelle s'éteignent tous ses appétits, se brisent tous ses caprices, n'est qu'un poltron qui craint d'être entraîné par ses fantaisies et de trouver la souffrance dans ses plaisirs. L'homme fort ne craint ni Dieu, ni les hommes, ni lui-même. Il accepte toutes les conséquences de ses penchants, bons ou mauvais. Le mépris du vulgaire, la méfiance des sots, le blâme des rigoristes, la fatigue, la misère, n'ont pas plus d'empire sur son âme que la fièvre et les dettes. Le vin l'exalte et ne l'enivre pas, les femmes l'amusent et ne le gouvernent pas, la gloire le chatouille au talon quelquefois, mais il la traite comme les autres prostituées et la met à la porte après l'avoir étreinte et possédée, car il méprise tout ce que les autres craignent ou vénèrent; il peut traverser la flamme sans y laisser ses ailes comme un phalène aveugle, et sans tomber en cendres devant le flambeau de la raison. Éphémère et chétif comme lui, il se laisse comme lui emporter à toutes les brises, allécher à toutes les fleurs, réjouir par toutes les lumières. Mais l'incrédulité le préserve de tout, le vent de l'inconstance l'entraine et le sauve, aujourd'hui des vains météores, illusions menteuses de la nuit, demain de l'éclatant soleil, triste délateur de toutes les misères, de toutes les laideurs humaines. L'homme fort ne prend aucune sûreté pour son avenir, et ne recule devant aucun des dangers du présent. Il sait que toutes ses espérances sont enregistrées dans un livre dont le vent se charge de tourner les feuillets; que tous les projets de la sagesse sont écrits sur le sable, et qu'il n'y a au monde qu'une vertu, qu'une sagesse, qu'une force, c'est d'attendre le flot et de rester ferme tandis qu'il vous inonde, c'est de nager quand il vous entraine, c'est de croiser ses bras et de mourir avec insouciance quand il vous submerge. L'homme fort, selon moi, est donc aussi l'homme sage, car il simplifie le système de ses joies. Il les resserre; il les dépouille de leur entourage d'erreurs, de vanités, de préjugés. Sa jouissance est toute positive, toute réelle, toute personnelle; c'est sa divinité naïve et belle, cynique et chaste. Il la met toute nue et foule aux pieds les vains ornements qui la lui dérobaient : mais plus fidèle et plus sincère que les hypocrites docteurs de son temple, à toutes les heures de sa vie, il plie le genou devant elle au mépris des vains anathèmes d'un monde stupide. Il est martyr de sa foi. Il vit et souffre pour elle. Il meurt pour elle et par elle, en niant ou en bravant cet autre Dieu absurde et méchant que vous adorez. L'homme qui tire son épée pour combattre la tempête est impie et téméraire, mais il est plus courageux et plus grand que le Dieu qui remue la foudre. Moi, je l'oserais, et vous, Magnus, vous ne l'oseriez pas. Trenmor qui nous entend, Trenmor qui est, ne vous y trompez pas, mon père, plus philosophe que chrétien, plus stoïque que religieux, et qui estime la force plus que la foi, la persévérance plus que le repentir, Trenmor, en un mot, qui peut et qui doit s'estimer plus que vous, mon père, peut être juge entre nous et voir lequel de nous deux a le mieux défendu et conservé la plus haute de ses facultés, l'énergie.

—Je ne serais pas juge entre vous, dit Trenmor; le ciel vous a départi des qualités diverses, mais chacun de vous reçut une belle part. Magnus fut doué d'une plus grande persistance dans les idées; et si vous voulez faire abstraction des vôtres, Sténio, pour contempler sérieusement le beau spectacle d'une volonté victorieuse, vous serez frappé d'admiration à la vue de ce moine qui fut impie, amoureux et fou, et qui est ici maintenant calme, fervent et soumis à la rigueur des habitudes cénobitiques. Où a-t-il pris la force de résister si longtemps à ces luttes épouvantables et de se relever après avoir été maudit et brisé ? Est-ce le même homme que vous avez entendu nier Dieu au chevet de Lélia mourante ? Est-ce le même que vous avez vu courir égaré sur la montagne ? C'est un homme nouveau, et pourtant c'est la même âme, orageuse, ardente, les mêmes sens fougueux, terribles, toujours neufs et toujours vierges ; le même désir toujours intense, mais jamais assouvi ; s'égarant malgré lui à la poursuite des choses humaines, mais revenant toujours à Dieu par la réaction d'une inconcevable vigueur et d'un foyer d'espérance sublime. O mon père ! il est vrai que nous n'avons pas le même culte et que nous invoquons Dieu dans des rites différents ; vous n'en êtes pas moins à mes yeux trois fois saint, trois fois grand ! Car vous avez combattu, vous vous êtes relevé de dessous le pied de votre ennemi, et vous combattez encore, vaillant, infatigable, sillonné de blessures, épuisé de sueur et de sang, mais décidé à mourir les armes à la main. Continuez, au nom de Jésus, au nom de Socrate. Les martyrs de toutes les religions, les héros de tous les temps vous regardent, et du haut des cieux applaudissent à vos efforts. Mais toi, Sténio, enfant qui naquis avec une étoile au front, toi dont la beauté faisait concevoir la forme des anges, toi dont la voix était plus mélodieuse que les voix de la nuit qui soupirent sur les harpes éoliennes, toi dont le génie promettait au monde une jeunesse nouvelle, toute d'amour et de poésie, car les chanteurs et les poëtes sont des prophètes envoyés aux hommes pour ranimer leurs esprits énervés, pour rafraîchir leurs fronts brûlants ; toi, Sténio, qui, dans tes jeunes années, marchais revêtu de grâce et de pureté comme d'une robe sans tache et d'une auréole lumineuse, je ne saurais m'effrayer de tes destins ; je ne puis pas désespérer de ton avenir. Comme Magnus, tu subis la grande épreuve, la terrible agonie réservée aux puissants ; mais dès cette vie tu t'en relèveras comme lui. Tu luttes encore, et, tout saignant de la torture, tu méconnais la main qui t'essaye ; mais bientôt nous te verrons, étoile obscurcie, briller plus blanche et plus belle à la voûte des cieux.

— Et que faudra-t-il faire pour cela, Trenmor? demanda Sténio.

— Il faudra te reposer seulement, répondit Trenmor, car la nature est bonne à ceux qui te ressemblent. Il faudra laisser à tes nerfs le temps de se calmer, à ton cerveau le loisir de recevoir des impressions nouvelles. Éteindre ses désirs par la fatigue, ce peut être une bonne chose ; mais exciter ses désirs éteints, les gourmander comme des chevaux fourbus, s'imposer la souffrance au lieu de l'accepter, chercher au delà de ses forces des joies plus intenses, des plaisirs plus aiguisés que la réalité ne le permet, remuer dans une heure les sensations d'une vie entière, c'est le

moyen de perdre le passé et l'avenir : l'un par le mépris de ses timides jouissances, l'autre par l'imposibilité d'y surpasser le présent. . . . . . . . . .
. . . . . . . . . . . . . . . . . . .

La sagesse et la conviction de Trenmor ne pouvaient rien sur la blessure profonde qui saignait au cœur du jeune poëte. Lui aussi avait sucé en s'ouvrant à la vie le lait empoisonné, le scepticisme, dont cette génération est abreuvée. Aveugle et présomptueux, il s'était cru, au sortir de l'adolescence, investi d'une puissance céleste, et, parce que son intelligence savait donner des formes charmantes à toutes ses impressions, il s'était flatté de traverser la vie sans combat et sans chute. Il n'avait pas compris, il n'avait pas pu comprendre Lélia, et là était la cause de tous les revers où il devait se laisser entraîner. Le ciel, qui ne les avait pas faits l'un pour l'autre, avait donné à Lélia trop d'orgueil pour se révéler, à Sténio trop d'amour-propre pour la deviner. Il n'avait pas voulu entendre qu'il fallait mériter le dévouement d'une telle femme par de nobles actions, par de pieux sacrifices, et surtout par la patience, qui est la plus grande preuve d'estime, le plus honorable hommage auquel ait droit une âme fière. Sténio n'avait pu se refuser à reconnaître la supériorité de Lélia entre toutes les femmes qu'il avait rencontrées; mais il n'avait jamais réfléchi à l'égalité de l'homme et de la femme dans les desseins de Dieu. Et comme il voyait seulement l'état des jours présents, comme il ne pouvait admettre que la femme eût déjà un droit suffisant à cette égalité sociale, il ne voulait pas admettre non plus que quelques femmes, nobles et douloureuses exceptions, eussent un droit d'exception au sein de la société existante. Peut-être l'eût-il compris, si Lélia eût pu le lui expliquer. Mais Lélia ne le pouvait pas. Elle n'avait pas trouvé le mot de sa propre destinée. Malgré tout son orgueil, elle avait un fonds de modestie naïve qui l'empêchait de comprendre la nécessité de son isolement. Quand même elle eût eu assez de foi en elle-même pour se dire qu'elle avait mission de marcher seule et de n'obéir à personne, le cri d'indignation et de haine soulevé autour d'elle par cette prétention hardie, eût peut-être glacé son courage. C'est ce qui lui arriva, lorsque Sténio, ne voulant pas comprendre la sublime pudeur de ce sentiment d'indépendance à la fois héroïque et timide, et prenant la réserve de Lélia pour du mépris, l'abandonna en la maudissant. Alors Lélia s'applaudit de n'avoir pas dévoilé le mystère de son orgueil, et de n'avoir pas livré à la risée d'un enfant l'instinct prophétique qui fermentait dans son sein. Elle se replia sur elle-même, et chercha dans son orgueil une légitime, mais amère consolation. Profondément blessée de n'avoir pas été devinée, et voyant par la conduite ultérieure de Sténio qu'il ne comprenait de l'amour que le plaisir facile de la possession, elle prononça à son tour un anathème irrévocable sur l'orgueil insensé de l'homme, et prit le parti de se suicider socialement, en se vouant à un célibat éternel.

Trenmor lui-même ne pouvait pas bien comprendre l'infortune sans remède de cette femme née cent ans trop tôt peut-être. Des préoccupations personnelles non moins graves avaient rempli sa vie. Comme Lélia avait été poussée à la révélation de l'avenir de la femme par le sentiment de son malheur individuel, Trenmor avait été poussé à la révélation de l'avenir de l'homme par sa propre misère. Ses regards embrassaient une partie du vaste horizon, ils ne pouvaient l'embrasser tout entier. Il disait souvent à Lélia, et non sans raison, qu'avant d'affranchir la femme, il fallait songer à affranchir l'homme; que des esclaves ne pouvaient délivrer et réhabiliter des esclaves; qu'il était impossible de faire comprendre la dignité d'autrui à qui ne comprenait pas la sienne propre. Trenmor travaillait avec espoir. Ses fautes passées lui donnaient l'humble patience et la foi persévérante du martyr. Lélia, innocente des maux qu'elle subissait, ne pouvait avoir la même abnégation. Victime désolée, elle pleurait, comme la fille de Jephté, sa jeunesse, sa beauté et son amour, sacrifiés à un vœu barbare, à une force insensée.

Quand la nuit fut descendue sur la vallée, Trenmor guida Sténio à travers les ravins, jusqu'à la route qui devait le ramener à la ville. Chemin faisant, il essaya de sonder de nouveau sa blessure et de la soulager en y versant la baume de l'espérance. Il avait fait promettre à Lélia qu'elle accorderait par vertu ce qu'elle ne pouvait plus accorder par inclination, pardon au repentir, récompense à l'expiation. Il s'efforça donc de faire comprendre à Sténio qu'il pouvait encore mériter et obtenir celle qu'il avait tant aimée. Mais il était trop tard malheureusement pour Sténio ; Trenmor, enchaîné aux devoirs de sa mission austère, n'avait pu l'arracher assez tôt à l'entraînement funeste des passions brutales. Eût-il pu le faire à temps, Sténio était peut-être condamné à retomber dans cet abîme. Il était le fils de son siècle. Aucun principe arrêté, aucune foi profonde n'avait pu pénétrer son âme, Fleur épanouie au souffle des vents capricieux, elle s'était tournée à l'orient et à l'occident, suivant la brise, cherchant partout le soleil et la vie, incapable de résister au froid ni de lutter contre l'orage. Avide de l'idéal, mais n'en connaissant pas les chemins, Sténio avait aspiré la poésie et s'était imaginé avoir une religion, une morale, une philosophie. Il ne s'était pas dit que la poésie n'est qu'une forme, une expression de la vie en nous, et que là où elle n'exprime ni vœux, ni convictions, elle n'est qu'un ornement frivole, un instrument sonore. Il avait longtemps plié le genou devant les autels du Christ, parce qu'il trouvait du charme dans le rites institués par ses pères ; mais, quand les boudoirs lui furent ouverts, les parfums volupteux du luxe lui firent oublier l'encens du lieu saint, et la beauté profane de Laïs lui parut mériter son hommage et ses vers tout aussi bien que la beauté idéale de Marie. L'intelligence de Lélia avait donné à l'enthousiasme de Sténio le caractère de la passion, et alors, dans un enivrement de vanité, il flétrissait de ses mépris exagérés les hommes infortunés qui cherchent à s'étourdir dans le vice. Mais, quand il vit cette intelligence mesurer la sienne avec plus de tendresse que d'enthousiasme, et refuser de s'y soumettre aveuglément, il ne lui resta pour Lélia que de la haine, et il se jeta dans le vice avec plus de facilité que tous ceux qu'il avait blâmés.

Trenmor, voyant avec quelle amertume il repoussait le souvenir de Lélia, fut effrayé du ravage que l'impiété avait fait en lui : car l'amour est le dernier reflet de la vie divine qui s'éteigne en nous. La pensée de toute la vie de Trenmor était une pensée d'expiation et de réhabilition pour la race humaine. Trop fort pour croire à la sincérité du désespoir ou à la réalité de l'épuisement, il s'indignait profondément de ses manifestations. Il accusait le siècle d'avoir encouragé cette mode impie, et regardait comme criminels envers l'humanité ceux qui proclamaient le découragement et s'abandonnaient à l'incrédulité.

— Honte et misère! s'écria-t-il transporté à la fin d'une colère généreuse, est-ce un de nos frères, est-ce un martyr de la vérité, est-ce un serviteur de la sainte cause que j'entends parler ainsi? Comment parleront donc nos persécuteurs et nos bourreaux, si nous abjurons toute idée de grandeur, tout espoir de salut? O jeunesse, que je me plaisais à nommer sainte, toi que je croyais fille de la Providence et mère de la liberté! ne sais-tu donc que verser ton sang sur une arène, comme faisaient les lutteurs aux jeux olympiques, pour remporter une couronne inutile et recueillir de vains applaudissements? N'as-tu donc pour vertu que l'insouciance de la vie, pour courage que l'audace naturelle à la force? N'es-tu bonne qu'à fournir d'intrépides soldats? Ne produiras-tu pas des hommes persévérants et vraiment forts? Auras-tu traversé la nuit des temps comme un météore rapide, et la postérité écrira-t-elle sur ta tombe : « Ils surent mourir, ils n'auraient pas su vivre? » N'es-tu donc qu'un instrument aveugle de la destinée, et ne comprends-tu ni les causes ni les fins de ton œuvre? Eh quoi! Sténio, tu as pu accomplir une grande action, et tu n'es plus capable d'une grande pensée ou d'un grand sentiment! Tu ne crois à rien, et tu as pu faire quelque chose! Et tous ces dangers affrontés, et toutes ces souffrances acceptées, et tout ce sang versé, celui de tes frères, le tien propre, tout cela est sans moralité, sans enseignement pour toi! Oh! alors je le comprends, tu dois tout rejeter, tout nier, tout mépriser, tout flétrir. Notre œuvre n'est qu'une tentative avortée, nos frères immolés ne sont que les victimes de l'aveugle fatalité, leur sang a coulé sur la terre aride, et nous n'avons plus qu'à nous enivrer chaque soir pour endormir des souvenirs poignants et chasser un rêve affreux...

— Valmarina, dit Sténio d'un air sombre, vous avez tort de me faire des reproches. Vous m'avez imposé un secret, je l'ai gardé; vous m'avez demandé un serment, je l'ai prêté; vous m'avez commandé une action, je l'ai accomplie. Qu'avez-vous de plus à me demander? Vous convenez que je suis fidèle à ma parole, que je sais me battre, que je ne recule pas devant les fatigues et les dangers; que voulez-vous davantage de moi? Vous savez que je vous ai donné le droit de m'employer à votre œuvre autant que vous le jugerez convenable; que, d'un bout du monde à l'autre, je suis soumis à votre vouloir et prêt à marcher à votre voix. Vous avez en moi un bon serviteur; servez-vous-en, et que l'ardeur du prosélytisme ne vous égare pas jusqu'à vouloir en faire un disciple. Quel droit avez-vous de m'imposer vos croyances et votre espoir? Ai-je cherché vos prédicateurs, ai-je brigué la faveur d'être admis à la Table ronde de vos chevaliers? Me suis-je présenté à vous comme un héros, comme un libérateur, comme un adepte seulement? Non! je vous ai dit que je ne croyais plus à rien, et vous m'avez répondu : « Il n'importe, suis-moi, et agis. » Vous avez fait un appel à mon honneur, à mon courage, et je n'ai pas dû reculer. Je n'ai pas voulu mériter la quenouille que vous envoyez aux poltrons... ou aux indifférents, car vous ne souffrez pas l'indifférence. Vous la traduisez à votre barre redoutable, et vous la condamnez à être réputée lâcheté. Je n'ai pas eu assez de philosophie pour accepter cet arrêt. J'ai vu marcher toute la jeunesse, tous les hommes braves de mon pays; je me suis levé, tout malade et brisé que j'étais; je me suis traîné sur une arène ensanglantée. Et quel spectacle m'avez-vous montré, grand Dieu! pour me guérir et me consoler, pour m'enseigner la confiance et la foi à vos théories? L'élite des hommes de mon temps moissonnés par la vengeance brutale du plus fort; les cachots ouvrant leur gueule immonde pour engloutir ceux que le canon ou le glaive n'avait pu atteindre; les arrêts de proscription poursuivant tout ce qui était sympathique à notre entreprise ; partant, tous les dévouements paralysés, toutes les intelligences étouffées, tous les courages brisés, toutes les volontés écrasées ; et vous appelez cela une œuvre régénératrice, un salutaire enseignement, une semence jetée sur la terre promise ! Moi, j'ai vu une œuvre de mort, un exemple d'impuissance, et les derniers grains d'une semence précieuse, jetés aux vents, sur les rochers, parmi les épines ! Et vous me faites un crime d'être abattu et dégoûté le lendemain de cette catastrophe ! Vous ne voulez pas que je pleure les victimes, et que je m'asseye consterné au bord de la fosse où je voudrais être étendu et dormir de l'éternel sommeil, à côté du pâle Edméo...

— Tu n'es pas digne de prononcer ce nom ! s'écria Trenmor dont le visage fut à l'instant inondé de larmes. Malheureux déclamateur, tu le prononces avec des yeux secs ! Tu ne songes qu'à justifier ton doute impie, et tu ne vois dans ce cadavre étendu dans le cercueil qu'un objet d'horreur au souvenir duquel tu voudrais échapper ! Ah ! tu n'as pas compris cette âme sublime, puisque tu veux la déshériter de son immortel héritage, et tu n'as pas compris non plus son rôle angélique sur la terre, puisque tu doutes des fruits qu'un tel exemple doit produire. O justice de Dieu, n'écoute pas ces blasphèmes ! O habitant du ciel, ô mon fils Edméo, tu es heureux, toi, de ne pas les entendre !...

Valmarina se laissa tomber sur la terre, et, ramené

au souvenir d'Edméo de la manière la plus douloureuse, il croisa ses mains avec force sur sa large poitrine pour y refouler ses sanglots. On eût dit qu'il voulait retenir dans son cœur sa foi ébranlée par le blasphème. Il soutenait une agonie terrible comme le Christ à l'heure du calice empoisonné.

Sténio pleurait aussi, car il était bon et sensible ; mais il attachait à ses larmes plus de prix qu'elles ne valaient. C'étaient des larmes de poëte qui coulaient aisément et qui lavaient mollement la trace de ses douleurs. Il ne comprenait pas les larmes de cet homme fort et généreux, qui ne pouvaient pas le soulager et qui retombaient sur le cœur comme une pluie de feu. Il ne savait pas que les douleurs combattues et comprimées de la force sont plus vives et plus dévorantes que celles auxquels on donne un libre cours. La destinée de Sténio était de nier ce qu'il ne connaissait pas. Il crut que Trennor rougissait d'un instant de pitié, et que, dans son héroïsme farouche, il immolait le souvenir d'Edméo dans son cœur comme il avait immolé sa vie dans le combat. Il s'éloigna triste, mécontent, malheureux aussi, car il avait de nobles instincts, et son âme était faite pour de nobles croyances... Il entra vers minuit dans le salon de Pulchérie. Elle était seule devant sa toilette, rêveuse et mélancolique. En voyant Sténio, qu'elle avait cru mort, apparaître derrière elle dans sa glace, elle crut voir un spectre, poussa un cri perçant, et tomba évanouie sur le parquet.

—Digne accueil ! dit Sténio ; et, se jetant sur un

sofa sans songer à la relever, il s'endormit accablé de fatigue, tandis que les femmes de Pulchérie s'empressaient à la secourir.

FIN DU DEUXIÈME VOLUME.

www.ingramcontent.com/pod-product-compliance
Lightning Source LLC
Chambersburg PA
CBHW061955180426
43198CB00036B/1237